家庭でつくるフランスの焼き菓子

UNE PETITE MAISONの素材を引き立てるレシピ

田島裕美子

JN239662

家の光協会

はじめに

お菓子はやさしく心を癒やしてくれます。ひと口食べるとみんなが笑顔になるような、そんなお菓子が作れたらと常々思っています。

小さい頃からお菓子作りが好きで、憧れの外国のお菓子を作ってみんなで食卓を囲む時間がとても幸せでした。そんな喜びを共有できる小さな空間をつくれたらという思いから、UNE PETITE MAISON（小さな家）という名前で2008年より料理とお菓子の教室を主宰してきました。神戸市から芦屋市に拠点を移したり、コロナ禍で活動の中心が教室から焼き菓子の通販に変わったりと、いろいろな変化がありましたが、現在は通販を続けながらお菓子の教室を再開しています。

この本では、私が製菓修業をしていたときから繰り返し作り続けてきたフランスのベーシックな焼き菓子をご紹介しています。教室で人気のガトー・ウィークエンド、通販で定番となっているサブレやガレット・デ・ロワ、ボルドーのホームステイ先で習ったカヌレ・ド・ボルドーなど、どれも素材の味を大事にしながら、改良を重ねてきたものばかりです。

ご家庭で作るにあたって注意すべきポイントも丁寧に説明しました。少し細かく解説しているので面倒に思うかもしれませんが、ぜひレシピどおりに作ってみてください。材料の計量やオーブンの温度管理などは、地味ですがとても重要な作業です。これらに意識を向けるだけでも、見違えるほどお菓子の表情が豊かになり、奥深い味わいに変わります。

あわせて、巻末にまとめた基本事項も読んでいただけると、お菓子作りの勘所を理解していただけるでしょう。基本のお菓子をきちんと作れるようになれば、あとは季節や気分に合わせて好きな素材を合わせたりして、自分好みのお菓子に変えていっていただけるとうれしいです。

お菓子は素材選びも大切ですが、それを最大限に生かせるように心の準備も大切にしたいところです。食べる人（もちろん自分も）のことを考えて楽しく作ることで、不思議と手から幸せなスパイスが出ておいしくなると感じています。焼き上がったお菓子をだれとどんな場所でどんな飲みものといただくか、想像しながら作るのも楽しいものです。

今まで作り続けてきたUNE PETITE MAISONの大切なレシピをもとに、みなさんの手によってたくさんのおいしいお菓子が生まれ、笑顔があふれますように。

田島 裕美子

目次

◎ オーブンはガスオーブンを使っています。
温度と焼き時間は目安です。
熱源や機種によって多少差があるので、
p.110-111のオーブンの扱い方を参考にし、
様子をみながら加減してください。

◎ 使用する材料についてはp.98-103、
道具や型についてはp.104-106を参照してください。

キャトル・キャール・ヴァニーユ

Quatre-quarts à la vanille

フランス語で「1/4が4つ」を意味する名を持つこのケイクは、
バター、卵、砂糖、小麦粉を1/4量ずつ合わせて作る、家庭菓子の基本ともいえるもの。
ふんわりとした口当たりの中にバニラビーンズの甘い香りが広がります。
砂糖の量を減らしがちですが、減らすと生地が分離しやすくパサつきの原因になるので、
最初はレシピどおりに作ってみてください。
分離させずに生地につやが出るまでしっかりと混ぜることが、おいしさ作りのポイントです。

>作り方はp.8-9

キャトル・キャール・ヴァニーユ

●分離しやすい生地なので卵液を何度にも分けて少量ずつ加え、その都度しっかりと攪拌して乳化させます。乳化していないと膨らみが悪くなり、ふんわりとせずパサつきます。

●粉気がなくなった後、さらにつやが出るまで大きくしっかりと混ぜることでキメの整った焼き上がりになります。

材料
(18×7.5×高さ6.5cmのパウンド型1台分)

バター（食塩不使用）—— 95g
きび砂糖 —— 95g
卵黄 —— 35g
卵白 —— 60g
薄力粉 —— 95g
ベーキングパウダー —— 1.5g
バニラビーンズ —— 1/3本
［シロップ］
水 —— 25g
きび砂糖 —— 10g
バニラビーンズのさや —— 1/3本分

下準備

・バターは1cm角に切って常温（約20℃）にもどす。目安は指でつぶせるくらいⓐ。
・卵黄と卵白は合わせてボウルに入れ、常温にもどす（20〜23℃）。
・バニラビーンズはさやを切り開き、ナイフの刃先で種子をこそげ出す。種子は卵のボウルに加えⓑ、さやはシロップに使う。
・小鍋にシロップの材料を入れ、沸かして砂糖を溶かす。
・型にオーブンシートを敷き込むⓒ。
・オーブンは天板ごと210℃に予熱する。

a

b

c

作り方

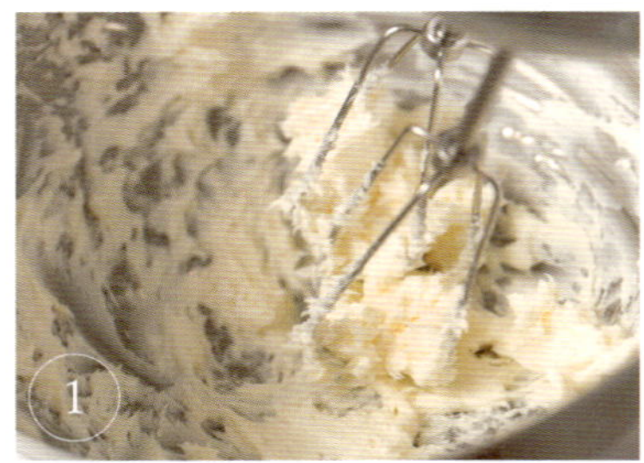
1

バターをボウルに入れ、ハンドミキサーでクリーム状になるまで攪拌する。

2

きび砂糖を4回に分けて加えながら攪拌を続ける。

3

砂糖がむらなく混ざり、バターが空気を含んでカサが増えるまで攪拌する。
⇒ミキサーは混ぜ始めは低速、ある程度混ざったら速度を上げる。

4

バニラビーンズ入りの卵をハンドミキサーで攪拌する。表面が泡立つくらいが目安。

5

③に④を少量ずつ（15～20回くらいに分けて）加え、その都度しっかりと攪拌して分離しないように混ぜ込む。

6

全体がクリーム状になって乳化するまで攪拌する。

7

⑥に薄力粉とベーキングパウダーを合わせてふるい入れる。

8

ゴムべらで底から生地をすくって上に返すことをボウルを少しずつ回転させながら繰り返して、やさしく粉を混ぜ込んでいく。

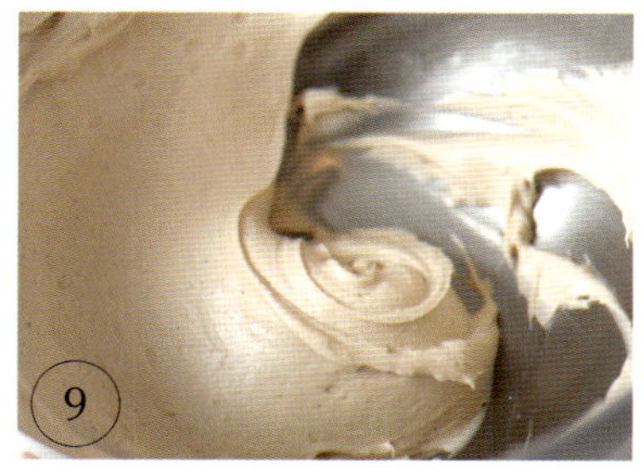

9

粉気がなくなったら、生地につやが出るまで大きく混ぜ続ける。

10

準備した型に生地を入れ、型ごと軽く台に落として空気を抜く。

11

ゴムべらで中央が低く、両端が高くなるようになめらかにならす。

12

ナイフの刃先を水でぬらし、中央に縦に1本、2cm深さの切り込みを入れる。

13

天板ごと210℃に予熱したオーブンに入れ、180℃に設定し直して約43分焼く（焼きむらがあれば30分たったら型の向きを変える）。膨れて割れた部分にうっすらと焼き色がつけば焼き上がり。

14

型から外し、側面のオーブンシートをはがして側面と上面にシロップを打つ。

15

オーブンシートをもとに戻し、網にのせて粗熱をとる。

ケイク・アングレ・フリュイ

Cake anglais aux fruits

「アングレ」はフランス語で「イギリスの」という意味で、イギリスからフランスに伝わったお菓子です。
キャトル・キャールの配合を少し変えて、
洋酒漬けのドライフルーツをたっぷりと混ぜ入れて大人向けの味わいに。
洋酒の効果で日持ちが長く、日がたつごとに味に深みが増します。

●ドライフルーツが全種類そろわない場合は、コクと甘みのあるデーツに酸味や香りのあるものを数種類組み合わせます。大きさをそろえて切り、生地にかたよりなく散らばせると味のバランスがとれます。

材料
（18×7.5×高さ6.5cmのパウンド型1台分）

バター（食塩不使用）—— 90g
きび砂糖 —— 80g
卵黄 —— 30g
卵白 —— 50g
薄力粉 —— 90g
ベーキングパウダー —— 1.5g
［洋酒漬けドライフルーツ］500㎖のびん1本分
　グリーンレーズン、ドライアプリコット、ドライいちじく、ドライクランベリー、ドライチェリー、デーツなど
　—— 合計180g
　洋梨の蒸留酒 —— 適量
［シロップ］
　水 —— 15g
　きび砂糖 —— 15g
　洋梨の蒸留酒 —— 15g

洋梨の蒸留酒はフランス、ルゴル社の「オ・ド・ヴィ ポワール・ウィリアム」を使用（アルコール分43度）。香り高さが群を抜いている。なければキルシュやラム酒、ブランデーで代用。

下準備

・洋酒漬けドライフルーツを作る。レーズン以外のドライフルーツはレーズン大に切りⓐ、清潔な瓶にすべて入れて洋梨の蒸留酒をかぶるくらいに注ぐ。1週間〜1か月冷暗所で漬けるⓑ。このうち、100gを取り分ける。
・バターと卵はキャトル・キャール・ヴァニーユの下準備（p.8）と同様に行う。
・小鍋でシロップ用の水ときび砂糖を沸かして溶かし、火を止めて洋梨の蒸留酒を加える。
・型にオーブンシートを敷き込む。
・オーブンは天板ごと210℃に予熱する。

ⓐ

ⓑ

作り方

1. キャトル・キャール・ヴァニーユの作り方①〜⑧（p.8〜9）と同じ要領で生地を作る（バニラビーンズは抜く）。
2. 粉が完全に混ざり切る前に洋酒漬けドライフルーツ100gを加え、フルーツが均等に散らばり、生地につやが出るまでゴムべらで混ぜる。
3. 準備した型に生地を入れ、型ごと軽く台に落として空気を抜く。
4. ゴムべらで中央が低く、両端が高くなるようになめらかにならし、水でぬらしたナイフで中央に縦に1本、2cm深さの切り込みを入れる。
5. 天板ごと210℃に予熱したオーブンに入れ、180℃に設定し直して約40分焼く（焼きむらがあれば30分たったら型の向きを変える）。膨れて割れた部分にうっすらと焼き色がつけば焼き上がり。
6. 型から外して側面のオーブンシートをはがし、側面と上面にシロップを打つ。シートを戻して網にのせて粗熱をとる。
⇒保存はラップに包んで室温（20℃前後）で。日持ちの目安は2週間。

ガトー・ウィークエンド
Gâteau week-end

大切な人と週末を過ごすときにいただくケイク。
もともとイギリスからフランスに伝わったとされ、
別荘や郊外に出かけるときに持っていく旅行用のお菓子として親しまれていました。
生地、シロップ、アイシングすべてにレモンを混ぜて、とびきりさわやかに仕立てます。
バターを溶かして混ぜるジェノワーズ法で作るので、
ベーキングパウダーを使わなくてもふんわりと軽い食感になります。
レモンのさわやかさを引き立てるために、
バターは浅めに焦がしてペーパータオルで濾し、乳臭さを抑えるのもポイントです。

>作り方はp. 14-15

ガトー・ウィークエンド

●バターを焦がしすぎるとレモンの風味が引き立ちません。薄い茶色にとどめましょう。ペーパータオルで濾すことで味がすっきりします。バターの種類により濾した後の重量が変わるので、正確に85gを取り分けます。

●焦がしバター、卵液、レモン汁をすべて同程度の温度にすると混ざりやすくなり、分離せずに乳化します。

●型の輪郭どおりのエッジの立った仕上がりにするために、オーブンシートを敷きません。バターと強力粉を隅々までしっかりとつけましょう。

材料
(18×7.5×高さ6.5cmのパウンド型1台分)

バター(食塩不使用)—— 120g
卵黄 —— 45g
卵白 —— 75g
きび砂糖 —— 75g
薄力粉 —— 75g
アーモンドパウダー —— 10g
A
　レモン汁 —— 15g
　レモンの皮(すりおろす)—— 1/2個分

[レモンシロップ]
　レモン汁(濾す)—— 5g
　きび砂糖 —— 10g
　水 —— 10g

[アイシング]
　粉砂糖(ふるう)—— 60g
　レモン汁(濾す)—— 6g
　水 —— 4〜5g

[仕上げ]
　ピスタチオ(刻む)—— 適量
　ハーブティーのバラの花びら(ドライ)—— 適量

下準備

・レモンシロップの材料を小鍋で沸騰させて砂糖を溶かし、冷ます。
・型にバターを薄く塗って強力粉をまぶし(どちらも分量外)、逆さにして余分な粉を落とす(写真右)。
・オーブンは天板ごと200°Cに予熱する。

作り方

1 小鍋にバターを入れて中火にかけ、鍋を揺らしながら溶かす。細かい泡が出て香ばしい香りが立ち、薄い茶色に色づいてきたら火からおろす。

2 ペーパータオルを敷いた茶濾しで濾す。85gを取り分け、湯煎にかけて50°Cに保つ。

3 耐熱容器にAを入れ、湯煎で40°Cくらいに温める。

4 ボウルに卵黄と卵白を入れ、ハンドミキサーの低速でざっと攪拌してコシを切り、きび砂糖を加える。

5 ④を60°Cの湯煎にかけ、もったりとして白っぽくなり、カサが増えるまで攪拌する。
⇒ミキサーは混ぜ始めは低速、ある程度混ざったら速度を上げる。

⑤が40℃に温まったら湯煎から外し、低速で攪拌してきめを整える。ふわふわに泡立ち、リボンのようにひらひらと落ちるようになったら攪拌終了。

⑥に③を加え、ゴムべらで軽く混ぜる。

⑦に薄力粉とアーモンドパウダーを合わせてふるい入れる。

ゴムべらで底から生地をすくって上に返すことをボウルを少しずつ回転させながら繰り返し、粉気がなくなるまでやさしく混ぜる。

⑨に②を3回に分けて加えていく。加えるたびにゴムべらで底から返すように混ぜ、バターの筋が消えかかったら次の分を加え、なめらかになるまで混ぜる。

準備した型に生地を入れ、型ごと軽く台に落として空気を抜く。

ゴムべらで表面をなめらかに整える。天板ごと200℃に予熱したオーブンに入れ、170℃に設定し直して約45分焼く（焼きむらがあれば30分たったら型の向きを変える）。

きれいな焼き色がついて割れた部分にもうっすら焼き色がつけば、焼き上がり。

上下を逆さにして網の上に取り出し、レモンシロップを全体に打つ。そのまま完全に冷めるまでおく。

アイシングを作る。粉砂糖とレモン汁をゴムべらでよく混ぜ合わせ、水でかたさを調整する。目安はとろりと落ちるくらい。

⑭の網の下にバットを置き、上面、側面の順に⑮をゴムべらで塗る。刻んだピスタチオとバラの花びらを飾り、網ごと200℃のオーブンに1分ほど入れて乾かす。シャリッと固まったら完成。

ガトー・ショコラ・クラシック
Gâteau au chocolat classique

チョコレートの豊かな風味とコクを存分に味わうためのケーキです。
チョコレートは油脂分の多い重厚な素材なので、
生地は別立てにしてメレンゲの力で口溶けよく、きめ細やかに仕立てます。
使うチョコレートで味が決まるので、ぜひ良質なものをお使いください。
私は乳化剤不使用の「アマゾンカカオクーベルチュール」を使っています。
カカオのフルーティーな酸味とすっきりした香りが絶妙で、
雑味がなく、軽やかでまろやかな仕上がりになり気に入っています。

>作り方はp.18-19

切り分けてクレーム・シャンティイを添えていただきます。
クレーム・シャンティイは、
生クリーム（あれば乳脂肪分36％）60gにきび砂糖3gを加えて
六分立て（すくって落とすとクリームの跡が残る程度）にし、
ラム酒などの洋酒5gで香りづけしたものがおすすめ。

ガトー・ショコラ・クラシック

●溶かしたチョコレート（特に乳化剤不使用のもの）は分離しやすいので、バター、生クリームを合わせる際に慎重にやさしく混ぜ合わせます。激しく混ぜると分離してボソボソした食感になってしまいます。

●チョコレートは冷めるにつれて固まり始めるため、温めた状態で生地に加えます。冷めると混ざりにくくなってメレンゲの泡がつぶれ、口溶けが悪くなります。

材料（直径15cmの底取丸型１台分）

チョコレート（カカオ分70%）—— 100g
バター（食塩不使用）—— 50g
生クリーム（乳脂肪分42%以上）—— 40g
［メレンゲ］
　卵白 —— 100g
　塩 —— 0.5g
　きび砂糖 —— 45g
卵黄 —— 30g
きび砂糖 —— 15g
薄力粉 —— 15g
カカオパウダー —— 20g

ペルー産の無農薬クリオロ種を使った「アマゾンカカオクーベルチュール」（左）はカカオの風味が豊かで乳化剤不使用。同種を使った「アマゾンカカオパウダー」（右）は発酵、熟成されたカカオビーンズをローストしてパウダーに加工したもの。なければ、好みのもので代用する。

下準備

- チョコレートは5mm角に刻む。
- バターは1cm角に切り、冷やしておく。
- 型にオーブンシートを敷く（写真右）。
- オーブンは天板ごと210℃に予熱する。

作り方

1 ボウルにチョコレートを入れて50℃の湯煎にかけて溶かし、冷たいバターを加えてゴムべらでやさしく混ぜて溶かす。
⇒冷たいバターを溶かすと、すっきりとした味わいになる。

2 生クリームを3回に分けて加え、その都度むらなく混ぜ合わせる。

3 つやが出てくるまで混ぜたら、そのまま湯煎で40〜50℃に保つ。

4 メレンゲを作る。別のボウルに卵白と塩を入れ、ハンドミキサーの低速で細かい泡が立つまで泡立てる。

5 きび砂糖45gを少しずつ（5〜6回に分けて）加えながら泡立てる。
⇒ミキサーは泡立て始めは低速、ある程度泡立ったら速度を上げる。

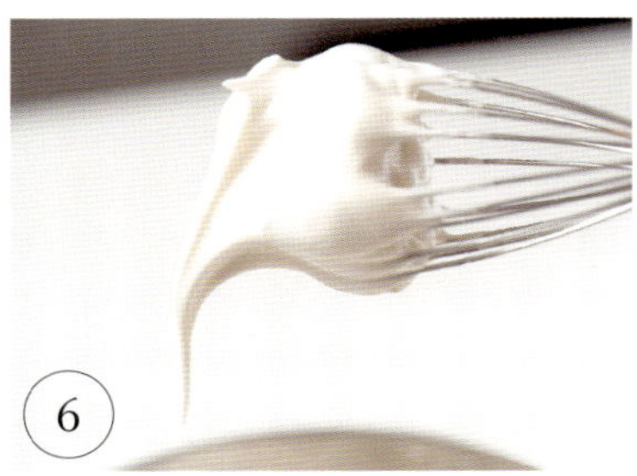

つやが出て、すくい上げたときにメレンゲの先がおじぎをするくらいになったら低速にしてきめを整える。

別の大きなボウルに卵黄、きび砂糖15gを入れ、泡立て器でよくすり混ぜる。

⑦に③を加え、泡立て器で全体が均一な状態になるまで混ぜる。

⑧に⑥の$\frac{1}{3}$量を加える。

泡立て器で細かいマーブル状になるまで混ぜる。

⑩に薄力粉とカカオパウダーを合わせてふるい入れ、ゴムべらで生地を底からすくって上に返すようにして、粉気がなくなるまで混ぜる。

残りの⑥を2回に分けて加え、その都度、泡をつぶさないように切るように混ぜる。

メレンゲが見えなくなったら混ぜ上がり。

準備した型に生地を入れ、型ごと軽く台に落として空気を抜く。

ゴムべらで表面をなめらかにならす。

ならし終えた状態。天板ごと210℃に予熱したオーブンに入れ、180℃に設定し直して約30分焼く。

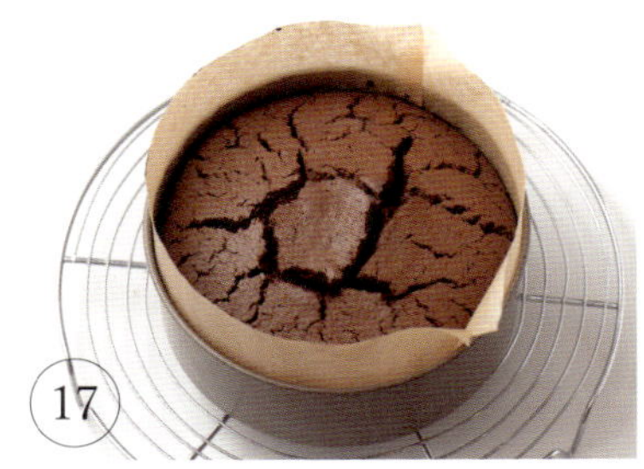

ふっくらと膨らんで表面が割れたら焼き上がり。型のまま網にのせて冷ます。
⇒冷めるにつれてしぼむ。

ガトー・フロマージュ
Gâteau au fromage

フランスのパティスリーでチーズケーキを目にすることは滅多にありませんが、
フロマジュリー（チーズ屋さん）でたまに見かけます。
ここでご紹介するのは、パリのビオマルシェのフロマジュリーで出合ったものを再現した、
スフレタイプの軽やかなチーズケーキです。
チーズは脂肪分が少なく、ほのかな酸味とほどよいコクが魅力のフロマージュブランを使い、
メレンゲと合わせてふんわり軽やかで口溶けよく仕上げます。ジャムを添えてもおいしいし、
黒こしょうをアクセントに加えているのでワインにも合います。

>作り方はp.22-23

ガトー・フロマージュ

●フロマージュブランはなめらかなタイプを選び、ダマにならないようしっかりと混ぜます。

●黒こしょうは入れすぎるとくどくなってしまいます。ミルで2〜3回ひく程度にしましょう。

●湯煎にして長時間蒸し焼きにします。高温で表面をしっかりと焼き固めてから、低温で時間をかけてゆっくりと火を通します。焼いている間に型のすき間から湯が入ってこないように、アルミ箔とペーパータオルで二重にブロックします。

下準備

- 天板に型が入る大きさのバットをのせ、バットにペーパータオルを敷くⓐ。
- 型にオーブンシートを敷く。
- 約30cm四方のアルミ箔を2枚重ね、上にペーパータオル2枚を重ねて中央に型を置き、アルミ箔でまわりを包むⓑ。
- オーブンは220℃に予熱する。

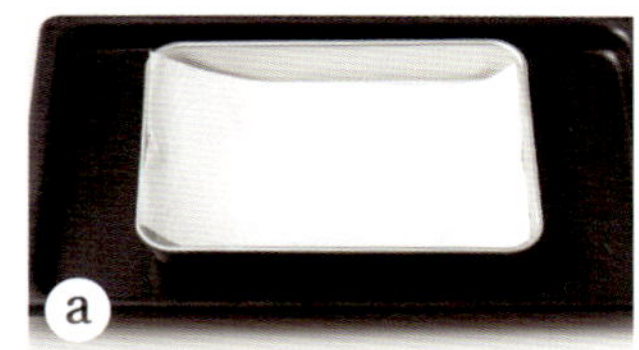

材料（直径15cmの底取丸型 1台分）

［メレンゲ］
- 卵白 —— 100g
- 塩 —— 1g
- きび砂糖 —— 40g

フロマージュブラン —— 200g
きび砂糖 —— 20g
卵黄 —— 50g
薄力粉 —— 30g
黒こしょう —— 少々

フロマージュブランは牛乳を原料とする脂肪分10％程度のフレッシュチーズ。安定剤不使用のなめらかなものを選ぶ。写真は脂肪分10.5％の中沢乳業製。

作り方

メレンゲを作る。ボウルに卵白と塩を入れ、ハンドミキサーの低速で細かい泡が立つまで泡立てる。

きび砂糖40gを少しずつ（5〜6回に分けて）加えながら泡立てる。
⇒ミキサーは泡立て始めは低速、ある程度泡立ったら速度を上げる。

泡立つにつれてカサが増える。

つやが出て、すくい上げたときにメレンゲの先がおじぎをするくらいになったら、低速で攪拌してきめを整える。

別のボウルにフロマージュブランときび砂糖20gを入れる。

⑤を泡立て器でダマにならないようによく混ぜてなめらかにする。

⑥に卵黄を加え、全体が均一になるまでよく混ぜる。

⑦に薄力粉の半量をふるい入れ、泡立て器で混ぜる。

粉気がなくなったら残りの薄力粉をふるい入れ、粉気がなくなるまで混ぜる。

⑨に④を3回に分けて加えていく。1、2回目は泡立て器で底からすくうようにしてやさしく混ぜる。

3回目分を加え、こしょうも加える。

ゴムべらでできるだけ泡をつぶさないように、底からすくって上に返すようにしてやさしく混ぜる。

準備したバットに型を置き、生地を流し入れる。型ごと軽くバットに落として空気を抜く。

バットに熱湯を3cm深さに注ぐ。220℃に予熱したオーブンに入れ、200℃に設定し直して35分焼き、生地が型の上まで膨れて表面に濃い焼き色がついたら、天板を反転させて150℃に下げ、さらに45分焼く。そのまま庫内に30分ほどおく。

型のまま網にのせて冷ます。
⇒冷めたら型のままポリ袋に入れて口を閉じ、冷蔵庫で保存。翌日～3日目くらいが食べ頃。

マドレーヌ
Madeleines

フランス、ロレーヌ地方のコメルシーの銘菓で、帆立貝の形をした素朴なお菓子です。
マドレーヌという名前のメイドが作ったことが菓子名の由来とされています。
はちみつを加えることで生地をしっとりとさせ、レモンを全体にほんのりと香らせます。
作り方はシンプルですが、生地の混ぜ方や温度が少し違うだけで膨らみ方が変わります。
形がかわいらしくプレゼントにも喜ばれますが、焼きたてが一番おいしいと私は思います。
ホームパーティーで焼きたてを振る舞ってみてはいかがでしょう。

>作り方はp.26-27

マドレーヌ

●卵をあらかじめよく溶きほぐしてダマにならないようにします。糖分を混ぜるときは泡立てないように注意。泡立てるとパサつきます。

●粉類を混ぜるときは練らずに混ぜます。練るとグルテンが出てかたい生地になります。ベーキングパウダーの量を増やすとよく膨らみますが、パサつきの原因になります。

●混ぜ上げた生地は冷蔵庫に入れず、室温で休ませます。冷やすと膨らみにくくなります。

材料
（75×50×深さ14mmのマドレーヌ型8個分）

バター（食塩不使用）—— 55g
レモンの皮 —— 1/2個分
卵黄 —— 25g
卵白 —— 35g
きび砂糖 —— 38g
はちみつ —— 12g
薄力粉 —— 50g
ベーキングパウダー —— 1.5g

下準備

・型にバターを塗って強力粉をまぶし（どちらも分量外）、逆さにして余分な粉を落とす（写真下）。
・オーブンは天板ごと230℃に予熱する。

作り方

ボウルにバターを入れて50℃の湯煎にかけて溶かす。

①を湯煎から外し、レモンの皮をすりおろして加える。再び湯煎にかけて50℃に保つ。

別のボウルに卵黄と卵白を入れ、泡立て器で溶きほぐしてコシを切る。

③にきび砂糖とはちみつを加える。

④を50℃の湯煎にかけ、糖類が溶けるまで泡立て器で泡立てないようにすり混ぜる。

⑤を湯煎から外し、薄力粉とベーキングパウダーを合わせてふるい入れる。

泡立て器で練らずに切るようにして混ぜる。

8 粉気がなくなるまで切り混ぜを続ける。

9 ②の半量を加え、生地を底からすくい上げるようにして混ぜる。

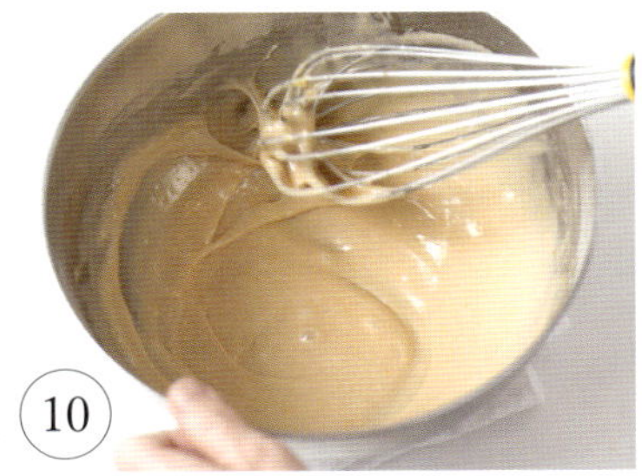

10 残りの②を加えて同じように混ぜる。

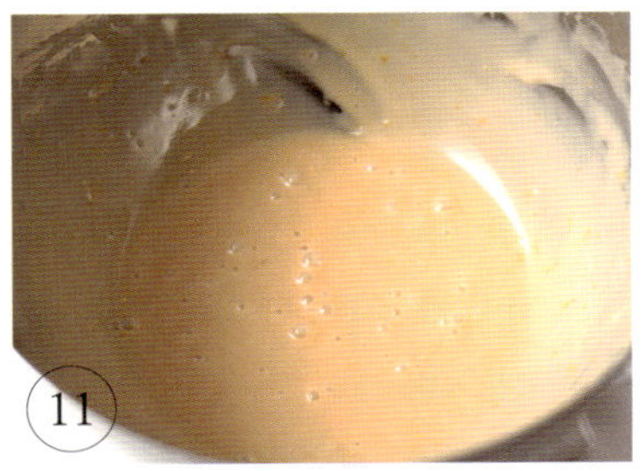

11 さらにゴムべらで混ぜてなめらかにする。

12 生地を絞り袋に入れる。

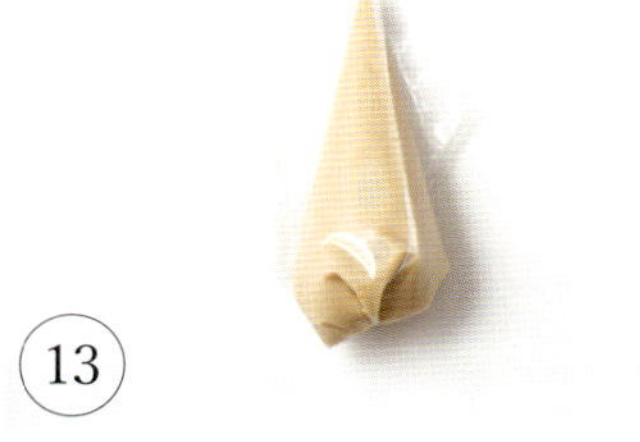

13 口をねじって閉じ、室温(20℃)で3時間ほど休ませる。

14 絞り袋の先を7〜8mm切り、準備した型の八分目まで絞る(1個約25g)。

15 ゴムべらで表面をなめらかにならし、型の隅まで生地を行き渡らせる。型を台にトントンと打ちつけて空気を抜く。

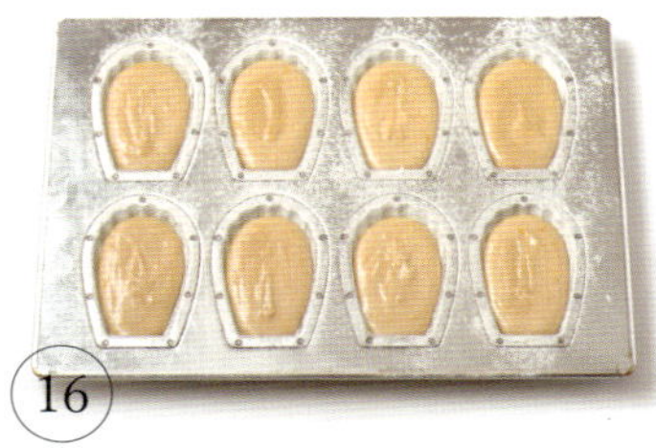

16 天板ごと230℃に予熱したオーブンに入れ、210℃に設定し直して5分焼き、190℃に下げてさらに4分焼く。

17 まん中がぷっくりと膨らみ、そこに薄く焼き色がついたら焼き上がり。型から外して網にのせて冷ます。
⇒焼きたてを食べるのがおすすめだが、保存する場合は乾燥しやすいので粗熱がとれたら袋に入れる。冷める前にレモンシロップ(p.14)を塗ると、時間がたってもパサつきにくい。

フィナンシェ
Financiers

「金融家」「お金持ち」という意味の名を持つこのお菓子は、
金塊の形をした型で焼き上げます。
かつてパリ証券取引所の近くのパティスリーで、
ビジネスマンが服を汚さず手軽に食べられるお菓子として
考えられたことからこの名で呼ばれるようになったそうです。
バターをしっかりと焦がして香ばしく風味豊かに仕上げます。

●バターの焦がし具合でおいしさが決まるので、濃い茶色になるまでしっかり焦がします。焦がしバターは正確に50gを取り分けます。

●卵白に糖類を溶かすときは泡立てないようにします。空気が入るとパサつきます。

●準強力粉を使うことで、しっかりとした食感が楽しめます。

材料
（83×41×深さ10mmのフィナンシェ型8個分）

バター（食塩不使用）―― 70g
卵白 ―― 60g
きび砂糖 ―― 30g
はちみつ ―― 15g
A
準強力粉 ―― 30g
アーモンドパウダー ―― 35g
ベーキングパウダー ―― 2g

下準備

- 型にバターを塗って強力粉をまぶし（どちらも分量外）、逆さにして余分な粉を落とす。
- オーブンは天板ごと230℃に予熱する。

作り方

1. 小鍋にバターを入れて中火にかける。鍋を揺すりながら溶かし、香ばしい香りが立って濃い茶色になったらⓐ、ペーパータオルを敷いた茶濾しで濾す。ボウルに50gを取り分け、湯煎にかけて50℃に保つ。
2. 別のボウルに卵白を入れ、泡立て器で溶きほぐしてコシを切る。
3. ②にきび砂糖とはちみつを加え、60℃の湯煎にかけて糖類が溶けるまで泡立てないようにすり混ぜるⓑ。溶けたら湯煎から外す。
4. ③にAをふるい入れ、練らずに切るようにして混ぜるⓒ。
5. 粉気がなくなったら、①をゴムべらで受けながら3回に分けて加えⓓ、その都度泡立て器でむらなく混ぜる。
6. ゴムべらでさっと全体を混ぜてなめらかにするⓔ。
7. 準備した型の八分目まで生地を入れ（ⓕ・1個約25g）、台にトントンと打ちつけて空気を抜く。
8. 天板ごと230℃に予熱したオーブンに入れ、210℃に設定し直して5分焼き、190℃に下げてさらに4分焼く。膨らんで割れた部分に薄く焼き色がついたら焼き上がり。型から外して網にのせて冷ます。

カヌレ・ド・ボルドー
Cannelés de Bordeaux

「カヌレ」はフランス語で「縦溝をつける」という意味。
銅製の縦溝のある型に蜜蝋(みつろう)を塗って焦げる寸前まで焼く、ボルドー地方の郷土菓子です。
水分の多い生地を高温で長時間焼くことで、
表面にカリッとしたかたい膜ができ、中はもちもちとやわらかく焼き上がります。
ここでは扱いやすいフッ素樹脂加工の型に、蜜蝋代わりにバターを塗って焼く方法をご紹介。
ボルドーにホームステイしていたときに教わった、ラム酒がきいたとっておきのレシピです。

>作り方はp.32-33

カヌレ・ド・ボルドー

●準強力粉を使ってコシのある生地にします。できるだけグルテンが出ないように混ぜ、冷蔵庫で十分に休ませてグルテンを落ち着かせます。グルテンが出ると焼いている間に生地が浮き上がり、底に焼き色がつきません。

●フッ素樹脂加工の型は銅製にくらべて生地が浮き上がりにくくなります。

●卵にアルコールを混ぜて時間をおくと卵黄が固まって膨らみにくくなるため、ラム酒は焼く直前に混ぜます。

●はちみつを少し使うことで生地にコクが加わるうえ、生地が型から浮き上がりにくくなります。

材料（内径5.5cmのカヌレ型 6個分）

A
- 牛乳 —— 230g
- バター（食塩不使用）—— 15g
- バニラビーンズ —— 1/2本
- きび砂糖 —— 75g

卵黄 —— 20g
卵白 —— 20g
きび砂糖 —— 20g
はちみつ —— 5g
牛乳 —— 20g
準強力粉 —— 55g
ラム酒 —— 40g

下準備

- バニラビーンズはさやを切り開き、ナイフの刃先で種子をこそげ出し、さやごと使う。
- 鍋にAを入れ、中火にかけて砂糖を溶かしてしっかりと沸騰させ（写真）、火からおろしてふたをして2時間おいて粗熱をとる。
- オーブンは250℃に予熱する。

作り方

ボウルに卵黄と卵白を入れて泡立て器でよく溶きほぐし、きび砂糖とはちみつを加えてゴムべらですり混ぜる。

牛乳20gを加えて混ぜ合わせる。

粗熱がとれたAの牛乳液を加えて混ぜ合わせる。

大きめのボウルに準強力粉をふるい入れ、中央をくぼませる。

④のくぼみに③を少量注ぐ。

少量注いでは泡立て器で粉となじませることを繰り返して、ダマにならないように少しずつ混ぜる。

ざるで濾す。バニラのさやは再び生地に戻す。

ラップをかけ、冷蔵庫で12時間から24時間休ませる。

生地は焼く1時間ほど前に冷蔵庫から出して常温にもどす。型にやわらかくもどしたバター（分量外）を刷毛で隅々まで塗る。

生地にラム酒を加えてゴムべらでよく混ぜてなめらかにする。

型に生地を少しずつ均等に注ぎ入れる。

250℃に予熱したオーブンに入れ、220℃に設定し直して30分焼き、190℃に下げてさらに20分焼く。
⇒表面が焦げやすいため、天板を下段に入れるか、焦げそうになったらアルミ箔をかける。

全体に濃い焼き色がつけば焼き上がり。
⇒底に焼き色がついていなければ、アルミ箔をかけて色づくまで焼く。

型から外して網にのせて冷ます。
⇒時間がたってカリッとした食感がなくなったら、オーブンで温め直して粗熱をとると食感が戻る。

私がフランスで初めて訪れた地がボルドーで、ホームステイ先のお母さんにカヌレの作り方を教えてもらったことがフランス菓子への思いが強くなったきっかけです。それから25年ほどカヌレを焼き続けており、配合は自分好みに少しずつ変わってきましたが、ラム酒の量だけは変えていません。

マフィン・オ・ミエル
Muffins au miel

はちみつ入りでしっとりとして、ふんわりもっちりした食感のマフィンです。
ふんわりは溶かしバターの効果、もっちりは薄力粉に強力粉を混ぜることで作り出します。
作る手順はマドレーヌに似ていますが、生地を休ませる必要がないので気軽に作れます。
はちみつの花の種類を変えると風味が変化し、
お好みでバナナや季節のフルーツをトッピングしてもよいでしょう。

●卵と糖類を混ぜるときは泡立てないように注意。泡立てるとパサつきます。

●薄力粉に強力粉を混ぜることで膨らみがよくなり、もっちりした食感が加わります。強力粉がなければ少し食感が変わりますが、薄力粉100gで作ってください。

●小麦粉はグルテンが出ないように練らずに混ぜます。グルテンが出ると生地が締まってかたくなります。

材料（口径7cmのプリン型6個分）

バター（食塩不使用）—— 120g
牛乳 —— 10g
卵黄 —— 50g
卵白 —— 70g
きび砂糖 —— 60g
はちみつ —— 30g
A
- 薄力粉 —— 70g
- 強力粉 —— 30g
- アーモンドパウダー —— 20g
- ベーキングパウダー —— 5g

下準備

・プリン型にマフィン用カップをセットする。

・オーブンは220℃に予熱する。

作り方

1 ボウルにバターを入れて50℃の湯煎にかけて溶かし、牛乳を加えてⓐゴムべらで混ぜる。そのまま50℃に保つ。

2 別のボウルに卵黄と卵白を入れ、泡立て器で溶きほぐしてコシを切るⓑ。

3 ②にきび砂糖とはちみつを加え、50℃の湯煎にかけて糖類が溶けるまで泡立てないようにすり混ぜるⓒ。溶けたら湯煎から外す。生地の温度は人肌くらい。

4 Aを合わせて③にふるい入れ、泡立て器で練らずに切るようにして混ぜるⓓ。

5 粉気がなくなったら①を2回に分けて加えⓔ、その都度むらなく混ぜる。

6 準備した型に生地を70gずつ入れるⓕ。220℃に予熱したオーブンに入れ、180℃に設定し直して20分焼く。膨らんでしっかりと焼き色がついたら焼き上がり。型から外して網にのせて冷ます。
⇒余った生地は小さな耐熱容器にマフィン用カップをセットして流し、一緒に焼く。

スコーン・ナチュール
Scones natures

英国菓子の代表ともいえるお菓子ですが、
私のスコーン観を変えたのはパリのブーランジュリー（パン屋さん）で出合ったスコーン。
表面はサクッとして中はホクホク、しっとり。初めて体験するおいしさでした。
ご紹介するレシピは、バターの代わりに生クリームとバターミルクパウダーを使います。
中がふんわり、しっとりとしてミルキーなあと味が残り、
バターを使うときほど作業温度を気にせずにすみます。
小麦粉の風味がストレートに出るので、
できれば新鮮で風味のよい強力粉を使いましょう。

>作り方はp.38-39

焼きたては何もつけずにそのまま食べてもいいし、
サワークリームやジャムとの相性も抜群です。
翌日以降は軽く温め直すと小麦粉とミルクの香りがよみがえります。

スコーン・ナチュール

●強力粉は風味のよい銘柄を選び、ひいてから時間のたっていないものを開封したてで使うとおいしさが格段にアップします。

●グルテンが出ると生地が締まってかたくなるため、練らずに切り混ぜます。その際、カードに生地が付着したまま混ぜると練る原因になるため、こまめに払い落としましょう。

●バターミルクパウダーがなければ、強力粉を200gにして作ります。

材料（直径5cmの丸型８個分）

A
- 強力粉 —— 195g
- バターミルクパウダー —— 20g
- きび砂糖 —— 25g
- ベーキングパウダー —— 6g
- 塩 —— 1g

生クリーム（乳脂肪分42～47%）—— 200g

下準備

- 材料はすべて冷蔵庫で冷やしておく。
- 天板にオーブンシートを敷く。
- オーブンは230℃に予熱する。

作り方

1 大きめのボウルにAを合わせてふるい入れる。

2 カードでまんべんなく混ぜる。

3 生クリームを加える。

4 カードで底から粉をすくい上げて上に返し、ボウルを少しずつ回転させながら、切り混ぜる動作を繰り返して粉と生クリームをなじませていく。

5 粉気がなくなり、そぼろ状の小さなかたまりができる。

6 カードと手で生地をやさしく寄せ集めてひとつにまとめる。

7 ラップの上に打ち粉（強力粉・分量外）をふって生地をのせ、10×15×厚さ3cmくらいの四角に整える。

8 カードで生地を半分に切る。

9

生地を重ねる。

10

カードと手でやさしく押さえて形を整えていく。

11

10×15×厚さ3cmくらいの四角に整える。
⇒生地に亀裂があれば、指でなめらかにする。

12

ラップで包み、冷凍庫で30分ほど休ませる。

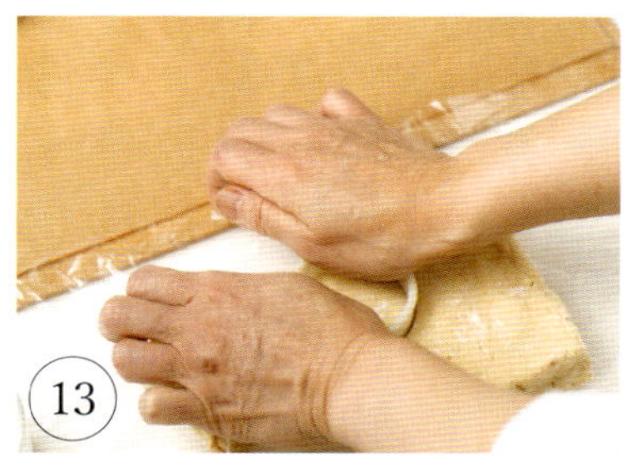

13

直径5cmの丸型に打ち粉（強力粉・分量外）をつけ、6個抜く。体重をのせて一気に抜く。

14

余った生地は練ったり重ねたりせず、やさしく寄せ集める。

15

⑭を⑬と同じ要領で2個抜く。余った生地は手でひとつに丸める。

16

準備した天板に間隔をあけて並べる。230℃に予熱したオーブンに入れ、210℃に設定し直して9分焼き、天板の向きを変えて190℃に下げ、さらに5分ほど焼く。

17

膨らんで側面に亀裂が入り、上面と裏面にしっかりと焼き色がついたら焼き上がり。網にのせて冷ます。

◎保存とリベイクの仕方

乾燥やにおい移りを防ぐために密閉できるポリ袋に入れて室温で保存する。食べるときは、アルミ箔に包んで180℃のオーブンでまず5分焼き、アルミ箔を外してさらに3分ほど焼く。

サブレ・ナチュール
Sablés natures

この本のサブレの基本となる型抜きタイプのサブレです。
サクサクと軽い食感で口溶けがよく、バターと小麦粉の香りを存分に楽しめます。
バターときび砂糖を空気を含ませるように混ぜることで、サクッと軽い食感に仕上がります。
いろいろな形に仕上げられるのも魅力なので、好みの型で抜いてみてください。
ここでは木型で模様を入れましたが、シンプルに型抜きするだけでもよいでしょう。

>作り方はp.42-43

写真の木型は木彫作家の、うまのはなむけさんに作っていただいたもの。
モチーフは私の屋号でもあり、理想とするUNE PETITE MAISON（小さな家）です。
うまのはなむけさんの作品にやさしさや温もり、愛情を感じ、
その気持ちがお菓子にも伝わっていればいいなと思いながらいつも作っています。

サブレ・ナチュール

●生地は練らずに混ぜます。生地中のバターが25℃以上に温まるとかたい食感になるので、成形は手早く進めて生地の温度が上がる前に作業を終えましょう。

●木型には打ち粉をこまめにまぶし、余分な粉を刷毛で払います。型押しするときの生地の温度は10〜13℃が理想。温度が高いと生地が型にはりつき、低いと模様の凹凸がきれいに出ません。

●できるだけ生地の無駄が出ないように型抜きし、残った切れ端の再利用法は43ページを参考にしてください。

材料

(長径7.8×短径4cmの楕円形約20枚分)

バター(食塩不使用)—— 80g
塩 —— 0.5g
きび砂糖 —— 37g
卵 —— 10g
薄力粉 —— 120g
アーモンドパウダー —— 12g

下準備

・バターは1cm角に切り、常温(約20℃)にもどす。目安は指で簡単につぶせるくらい(写真下)。
・オーブンは160℃に予熱する。
・木型は長径6.5×短径3cmの楕円形、抜き型は長径7.2×短径3.7cmの楕円型(直径6cmの丸型を変形させて自作)、型押し時の枠は長径7.8×短径4cmの楕円型(直径6.5cmの丸型を変形させて自作)。

作り方

1 ボウルにバターと塩を入れ、ハンドミキサーで攪拌してしっかり空気を含ませる。

2 きび砂糖を2回に分けて加え、その都度攪拌して完全に混ぜ込む。
⇒ミキサーは混ぜ始めは低速、ある程度混ざったら速度を上げる。

3 卵を2回に分けて加え、その都度全体になじむまでよく攪拌する。

4 卵を混ぜ終えた生地の状態。

5 薄力粉とアーモンドパウダーを合わせてふるい入れる。

6 ゴムべらで生地をボウルの底からすくって上に返し、切るようにして混ぜる。

7 ゴムべらで生地をボウルに押しつけては底からすくい返すことを繰り返して練らないように混ぜる。へらやボウルに付着した生地はその都度払い落とす。

8 しだいにそぼろ状になる。

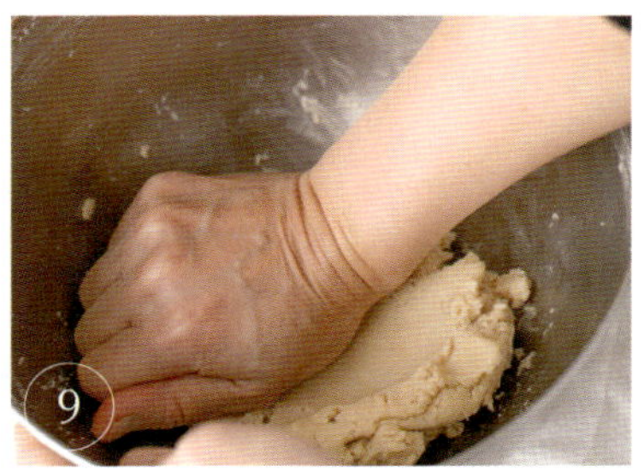

粉気がなくなってきたら、手のひらで生地をボウルにこすりつけるようにしてまとめる。

丸くまとめ、手のひらで押さえて平らにする。

オーブンシートの上に打ち粉（強力粉・分量外）をふり、生地を置いて手で軽くたたきのばす。
⇒亀裂があれば指でなめらかにする。

生地の両側に厚さ5mmのルーラーを置き、生地の上にラップをかけて麺棒でのばす。
⇒木型を押して模様をつけない場合は4mm厚さにのばす。

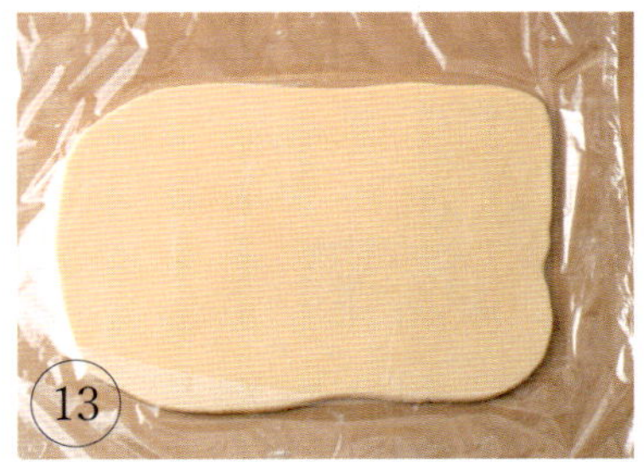

オーブンシートとラップごと板やトレーなどにのせ、冷蔵庫で2〜3時間休ませる。

長径7.2×短径3.7cmの楕円形の抜き型に打ち粉をつけ、生地を抜く。オーブンシートを敷いた板に並べる。

木型に打ち粉をまぶし、余分な粉を刷毛で払う。

⑭の生地に長径7.8×短径4cmの楕円型をかぶせ、木型を入れて生地に押しつけて模様をつける。冷蔵庫で15分ほど休ませる。
⇒この方法で木型を押すと、生地の厚さは約4mmになる。

天板にシートごと移し、160℃に予熱したオーブンで21〜22分焼く。
⇒焼きむらのあるオーブンの場合は15分焼いたら天板の向きを変えたり、焼き色の濃いものと薄いものを置き換える。

天板のまま網の上に置いて冷ます。

◎残った生地の再利用法

型抜き時に残った生地の切れ端は手でひとまとめにして⑪・⑫の要領で再びのばし、型抜きする。のばすたびに打ち粉が生地に混ざっていくため、のばし直しは2回が限度。

サブレ・ディアマン・ヴァニーユ
Sablés diamant à la vanille
サブレ・ディアマン・カカオ・ピスターシュ
Sablés diamant au cacao et pistaches

「ディアマン」は「ダイヤモンド」を意味するフランス語。
キラキラと輝くクリスタルタイプの砂糖をまぶしたアイスボックスタイプのサブレです。
基本の生地に好みの素材を足すことでいろいろなバリエーションを楽しめます。
バニラを混ぜると甘い香りに、カカオとピスタチオを加えるとカカオフレーバーと
ピスタチオのザクザクした食感がクセになる、まったく別の味わいになります。
生地を冷凍保存しておけばいつでも焼くことができる、家庭菓子にぴったりのサブレです。

>作り方はp.46-47

サブレ・ディアマン・ヴァニーユ

●表面に砂糖をたっぷりまぶすので生地の糖量は控えめにします。

●水分の入らない生地なので、まとまりにくくさらさらしています。ゴムべらでボウルにしっかり押しつけるとまとまりやすくなり、口溶けのよい生地になります。

●ナイフで切り分ける際、生地がやわらかくなっていたら冷蔵庫で冷やし固めるときれいに切れ、作業がしやすくなります。

材料（直径約3cm 約50枚分）

バター（食塩不使用）—— 80g
塩 —— 0.5g
バニラビーンズ —— 1/4本
きび砂糖 —— 30g
薄力粉 —— 120g
アーモンドパウダー —— 10g
卵白 —— 適量
きび砂糖（クリスタルタイプ）—— 適量

下準備

・バターは1cm角に切り、常温（約20℃）にもどす。目安は指で簡単につぶせるくらいⓐ。
・バニラビーンズはさやを切り開き、ナイフの刃先で種子をこそげ出すⓑ。
・オーブンは160℃に予熱する。

a

b

作り方

1

ボウルにバター、塩、バニラビーンズを入れ、ハンドミキサーで攪拌する。

2

きび砂糖を2回に分けて加え、その都度しっかりと攪拌して空気を含ませる。
⇒ミキサーは混ぜ始めは低速、ある程度混ざったら速度を上げる。

3

砂糖が完全に混ざった状態。

4

薄力粉とアーモンドパウダーを合わせてふるい入れる。

5

ゴムべらでボウルの底からすくって上に返し、切るようにして混ぜる。
⇒ボウルを少しずつ回転させながら行う。

6

粉気がなくなってきたら、ゴムべらで生地をボウルに押しつけ、底からすくい返すことを繰り返して混ぜる。

7

粉とバターが十分になじんだら、手で生地をひとまとめにする。

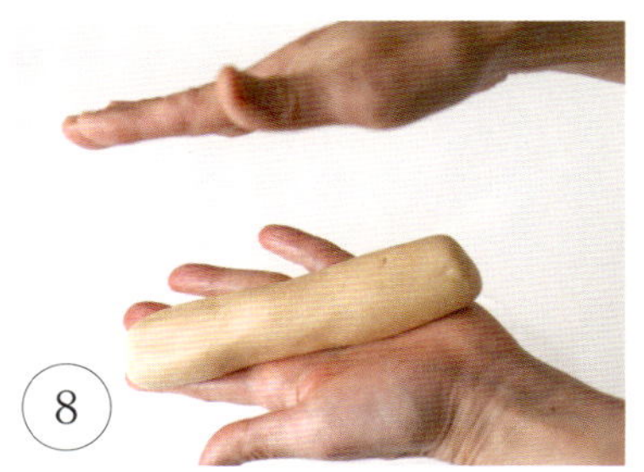

8

2等分にしてそれぞれを棒状に整える。

9

30cm四方のラップの上に生地を1本ずつのせ、太さ2.5cm、長さ22cmの太さが均一な棒状に整える。

10

ラップで包んで冷蔵庫で約2時間休ませる。
⇒この状態で冷凍保存可能（保存期間は1か月ほど）。解凍は冷蔵庫で2〜3時間。

11

生地の表面に刷毛で卵白を薄く塗る。

12

板にクリスタルタイプのきび砂糖を広げ、生地を転がして全体にまぶす。生地がやわらかくなっていたら、冷蔵庫で15分ほど冷やす。

13

定規を当てて8mm間隔にナイフで印をつけてから切る。

14

生地がゆがんでいたら正円に整え、オーブンシートに並べる。

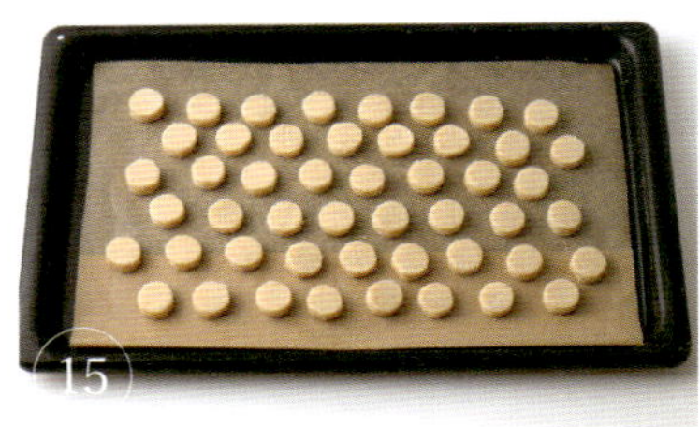

15

天板にのせて160℃に予熱したオーブンで25分ほど焼く。

16

焼きむらのあるオーブンの場合は、15分焼いたら天板の向きを変えたり、焼き色の濃いものと薄いものを置き換えたりしてさらに10分ほど焼く。

17

天板のまま網の上に置いて冷ます。

サブレ・ディアマン・カカオ・ピスターシュ

材料（直径約3cm 約50枚分）

バター（食塩不使用）—— 80g
塩 —— 0.5g
きび砂糖 —— 25g
薄力粉 —— 80g
カカオパウダー —— 15g
アーモンドパウダー —— 15g
ピスタチオ（刻む）—— 20g
卵白 —— 適量
きび砂糖（クリスタルタイプ）—— 適量

下準備

サブレ・ディアマン・ヴァニーユ（p.46）と同様（バニラ以外）。

作り方はサブレ・ディアマン・ヴァニーユとほぼ同じ。④で薄力粉、カカオパウダー、アーモンドパウダーをふるい入れて混ぜ、粉が混ざり切る前にピスタチオを加えて混ぜる。そのあとは⑥〜⑰と同様にする。

サブレ・ヴィエノワ
Sablés viennois

「ヴィエノワ」はフランス語で「ウィーン風」の意味。
絞り出すタイプのサブレにこの名がつきます。
好みの口金でさまざまな形に絞り出すのも楽しいものです。
軽い食感に仕上げるために卵白のコシをしっかりと切り、
ジャムの水分を飛ばすように焼き込みます。

>作り方はp.50-51

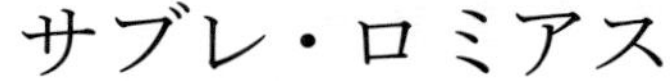

サブレ・ロミアス

Sablés romias

リースノズル口金を使って生地をリング状に絞り出し、
中央にキャラメルナッツを入れて焼き上げます。
味わいはフロランタンに似ていますが、
薄い生地をしっかり焼くことで、軽やかな焼き上がりに。
絞り袋のセッティングと生地の絞り方にコツがあります。

>作り方はp.52

サブレ・ヴィエノワ

●卵白を泡が立つくらいにしっかりと混ぜてコシを切ることで軽い食感になります。

●生地がねっとりしており、絞り袋に全量を入れると絞り出すのが難しくなるため半量ずつ絞ります。袋に入れたら時間をおかずに絞ります。時間をおくとバターが固まって絞りにくくなります。2回目分も時間をおかずに続けて絞りましょう。

材料（直径3cm弱 約50枚分）

バター（食塩不使用）—— 85g
塩 —— 0.5g
きび砂糖 —— 30g
卵白 —— 15g
薄力粉 —— 85g
好みのジャム —— 適量

下準備

- バターは1cm角に切り、常温（約20℃）にもどす。目安は指で簡単につぶせるくらい**a**。
- 卵白はミニホイッパーで泡が立つくらいに混ぜてコシを切る**b**。
- ジャムはかたまりがあれば細かく刻み、コルネ袋に入れて先を2.5mmほど切る。
- オーブンは160℃に予熱する。

a

b

作り方

1

ボウルにバター、塩を入れ、ハンドミキサーで攪拌する。

2

きび砂糖を2回に分けて加え、その都度しっかりと攪拌して空気を含ませる。
⇒ミキサーは混ぜ始めは低速、ある程度混ざったら速度を上げる。

3

砂糖が完全に混ざった状態。

4

準備した卵白を少しずつ（4回に分けて）加え、その都度全体になじむまで攪拌する。

5

卵白が完全になじんだ状態。

6

薄力粉をふるい入れる。

7

ゴムべらでボウルの底からすくって上に返し、切るようにして混ぜる。
⇒ボウルを少しずつ回転させながら行う。

8

ゴムべらで生地をボウルに押しつけ、底からすくい返すことを繰り返して混ぜる。

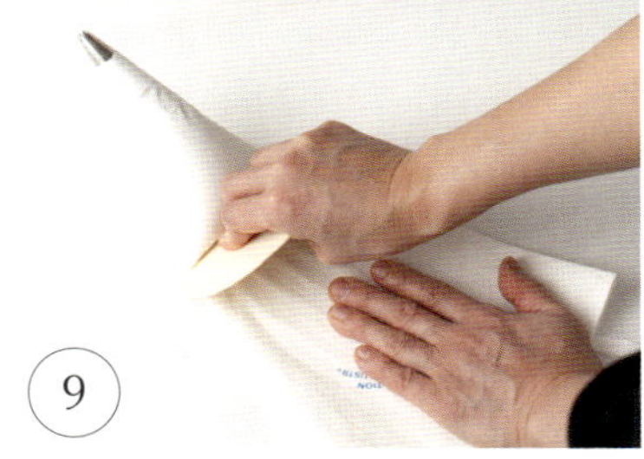

9

絞り袋に8切星口金（#8）をつけて生地の半量を入れ、カードで生地を口金のほうへ押し出す。

10

オーブンシートの四隅をテープで作業台に貼って固定する。「の」の字を描くようにして生地を直径2.5cm大に絞り出す。続いて残り半量も同様に絞る。オーブンシートごと板にのせて冷蔵庫で15分ほど冷やす。

11

160℃に予熱したオーブンで15分焼く。

12

サブレの中央に準備したジャムを絞る。すぐにオーブンに戻してさらに8分ほど焼く。
⇒焼きむらがあるオーブンの場合は、天板の向きを変えたり、焼き色の濃いものと薄いものを置き換えてからオーブンに戻す。

13

天板のまま網の上に置いて冷ます。

サブレ・ロミアス

●薄く焼き上げたいので、リースノズル口金は一度に出る生地量が少ない「ヘソ低タイプ」を使います。口金と絞り袋の中心がぴったり合うようにセットし、垂直に立てて絞ります。口金と袋の中心がずれていたり、斜めに絞ると生地が均等に広がらず、ゆがんだ形になります。

●1枚絞るたびに口金をきれいに拭きます。

●生地の特徴や注意点はサブレ・ヴィエノワ（p.50）と同様です。

材料（直径約6cm 約40枚分）

バター（食塩不使用）―― 100g
塩 ―― 0.5g
きび砂糖 ―― 35g
卵 ―― 15g
薄力粉 ―― 125g
アーモンドパウダー ―― 5g

［キャラメルナッツ］ 作りやすい分量

生クリーム（乳脂肪分36%）―― 100g
はちみつ ―― 30g
きび砂糖（クリスタルタイプ）―― 70g
アーモンドスライス ―― 100g

下準備

・バターは1cm角に切り、常温（約20℃）にもどす。目安は指で簡単につぶせるくらい。

・アーモンドスライスは150℃のオーブンで15分焼く。

・オーブンは160℃に予熱する。

・リースノズル口金（直径47mmのヘソ低タイプ）を絞り袋に中心が合うようにセットする（写真下）。

作り方

1 キャラメルナッツを作る。鍋にアーモンドスライス以外の材料を入れ、強めの中火で112℃まで加熱するa。準備したアーモンドスライスを加えて耐熱のへらで混ぜ合わせるb。

2 オーブンシートの上に広げて粗熱をとる。冷める前にゴムべらで約8cm幅の帯状に整えるc。

3 オーブンシートを半分にたたみ、シート越しにカードで生地を押して太さ約2cmの棒状に整えるd。シートで巻いて冷蔵庫で約1時間冷やし固める。

4 サブレ・ヴィエノワの作り方①〜⑧（p.50〜51）を参照して生地を作る（卵白は卵に替え、薄力粉とともにアーモンドパウダーを加える）。準備した絞り袋に半量を入れる。

5 オーブンシートの四辺をテープで作業台に貼って固定する。絞り袋を垂直に立てて持ち、シートの1cm上から真下に絞り出しながら口金をシートにつけ、きゅっとひねりながら真上に引き上げるe。

6 1回絞るたびに口金をきれいに拭き、同じ要領で絞る。絞り終えたらすぐに残りの生地も同様に絞る。オーブンシートごと板にのせて冷蔵庫で15分ほど冷やす。

7 ③をナイフで3mm厚さの輪切りにし、形がゆがんだらきれいに整えて⑥の中央にのせるf。

8 オーブンシートごと天板に移し、160℃に予熱したオーブンで21分ほど焼く。焼きむらがあるオーブンの場合は、15分焼いたら天板の向きを変えたり、焼き色の濃いものと薄いものを置き換えたりしてさらに6分ほど焼く。天板のまま網の上に置いて冷ます。

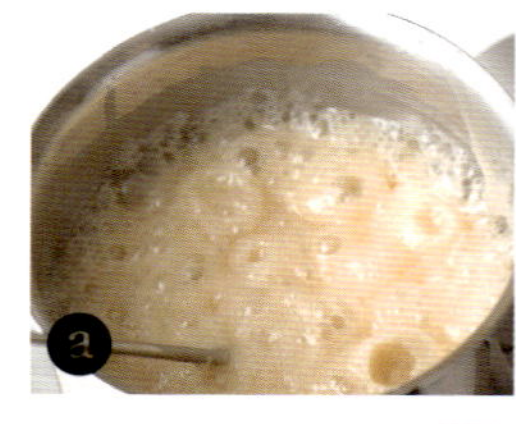
a

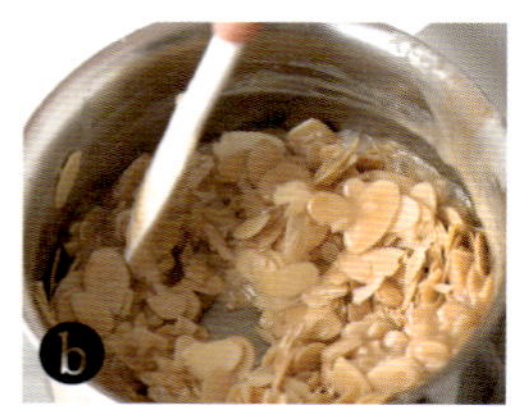
b

c

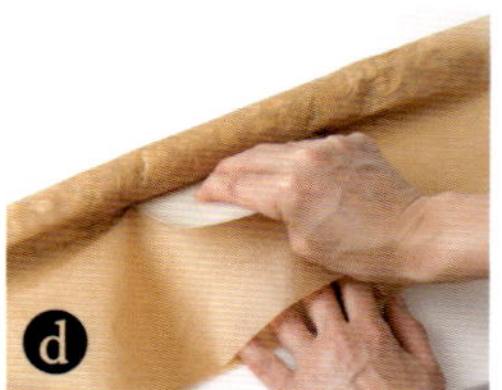
d

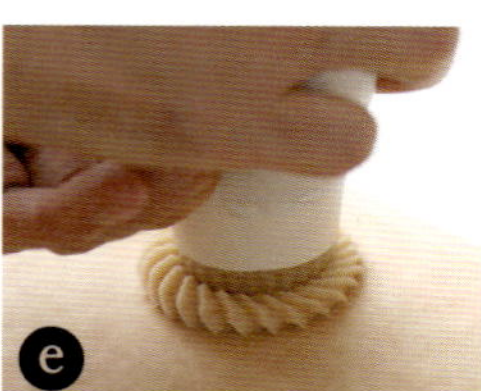
e

f

ブール・ド・ネージュ

●一度に焼けない場合は丸めたものを冷蔵庫で冷やしておき、1回目が焼き終わったら続けて焼きましょう。

●米粉がなければ同量の薄力粉でも作れます。

材料（直径約2cm 約35個分）

バター（食塩不使用）―― 60g
きび砂糖 ―― 20g
A
　米粉 ―― 60g
　アーモンドパウダー ―― 40g
仕上げ用きび砂糖 ―― 適量

下準備

・バターは1cm角に切り、常温（約20℃）にもどす。目安は指で簡単につぶせるくらい。
・天板にオーブンシートを敷く。
・オーブンは160℃に予熱する。

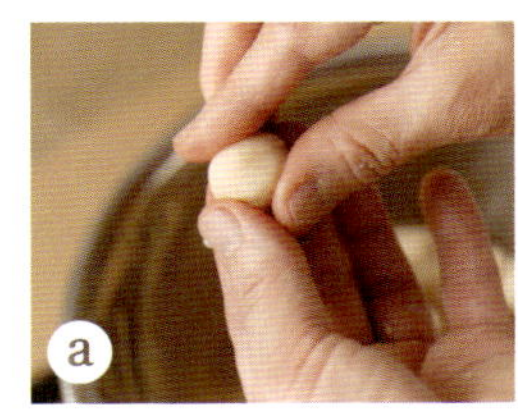

作り方

1. ボウルにバターを入れ、ハンドミキサーで撹拌する。
2. きび砂糖を2回に分けて加え、その都度しっかりと撹拌して空気を含ませる。⇒ミキサーは混ぜ始めは低速、ある程度混ざったら速度を上げる。
3. Aをふるい入れ、ボウルの底からすくって上に返し、生地を押さえることを繰り返して粉気がなくなるまで混ぜ、ひとまとめにする。
4. 5gずつに分けて丸くまとめⓐ、冷蔵庫で15分ほど冷やす。
5. オーブンシートを敷いた天板に並べ、160℃に予熱したオーブンで22分ほど焼く。天板のまま網の上に置く。
6. ボウルに仕上げ用のきび砂糖と温かい⑤を入れ、砂糖をまぶす。

クロッカン

●くるみの水分が生地に移るとカリカリ感が失われるため、ローストして水分を飛ばします。

●一度に全量を焼けないときは、オーブンシート上に丸く落として常温に置き、1回目が焼けたらきび砂糖をふってすぐに焼きます。

材料（直径約3cm 約50個分）

卵白 ―― 30g
きび砂糖 ―― 45g
米粉 ―― 30g
くるみ（無塩）―― 100g
仕上げ用きび砂糖 ―― 適量

下準備

・くるみは刻み、150℃のオーブンで15分焼く。
・天板にオーブンシートを敷く。
・オーブンは150℃に予熱する。

作り方

1. ボウルに卵白を入れ、きび砂糖を2回に分けて加え、その都度泡立て器でよく混ぜる。
2. 米粉をふるい入れ、ゴムべらで切るように混ぜる。粉気がなくなったらくるみを加えてむらなく混ぜる。
3. 準備した天板に②をスプーンとゴムべらで約2cm大に落とすⓐ。
4. 仕上げ用のきび砂糖を茶濾しで軽くふり、150℃に予熱したオーブンで25分ほど焼く。天板のまま網の上に置いて冷ます。

ブール・ド・ネージュ
Boules de naige

名前はフランス語で「雪の玉」の意味。
丸い形をした米粉とバター仕立てのサブレです。
米粉のやさしい甘み、ほろほろとした口溶けが魅力です。
バターの効果でサクサクと軽い食感に仕上がります。
グルテンフリーなのでアレルギーのある方へのプレゼントにも。

>作り方はp.53

クロッカン
Croquants

クロッカンはフランス語で「カリカリッとした」という意味。
南フランスが発祥のメレンゲ菓子です。
バターを使わないので、とても軽やかです。
このレシピでは米粉を使うため、日本の干菓子のような趣も。
くるみはローストして水分を飛ばして香ばしく仕上げましょう。

>作り方はp.53

タルト・オ・フレーズ

Tarte aux fraises

クレーム・ダマンド（アーモンドクリーム）の上に
いちごをたっぷりと並べて焼き込んだタルトです。
いちごの水分を煮詰めるようにしっかりと焼くことで、
フレッシュな甘酸っぱさとはまた別のおいしさが生まれます。
ちょっと焼きすぎかな、と思うくらいに香ばしく焼くのがポイントです。
タイムの香りがよく合うので、ぜひ一緒に焼いて香りを移してください。

>作り方はp.58-59

タルト・オ・フレーズ

●いちごの一部が焦げるくらいにしっかりと焼きます。焼き足りないといちごから水分が出て水っぽい仕上がりになってしまいます。焼き時間が長いので、パート・シュクレを空焼きせずにクレーム・ダマンドといちごを詰め、一緒に焼き上げます。

材料（直径18cmの底取タルト型1台分）

［パート・シュクレ］
- バター（食塩不使用）―― 45g
- きび砂糖 ―― 20g
- 卵 ―― 10g
- 薄力粉 ―― 70g
- アーモンドパウダー ―― 10g

［クレーム・ダマンド］
- バター（食塩不使用）―― 50g
- きび砂糖 ―― 55g
- 卵 ―― 50g
- アーモンドパウダー ―― 60g

いちご ―― 1パック（約300g）
タイム（フレッシュ）―― 適量
粉砂糖 ―― 適量

下準備

・p.86〜88の①〜⑳を参照して、パート・シュクレを準備する。
・クレーム・ダマンドのバターは1cm角に切り、常温（約20℃）にもどす。目安は指で簡単につぶせるくらい。
・クレーム・ダマンドの卵は常温にもどす。
・オーブンは200℃に予熱する。

作り方

1

クレーム・ダマンドを作る。ボウルにバターを入れ、ハンドミキサーで攪拌する。

2

きび砂糖を2回に分けて加え、その都度しっかりと攪拌して空気を含ませる。
⇒ミキサーは混ぜ始めは低速、ある程度混ざったら速度を上げる。

3

砂糖が完全に混ざった状態。

4

卵は少量ずつ（8回に分けて）加え、その都度なじむまでよく攪拌する。

5

卵が分離せずになじんだ状態。

6

アーモンドパウダーをふるい入れ、ゴムべらでむらなく混ぜる。

クレーム・ダマンドの混ぜ上がり。材料の混ぜ残りやダマがなく、なめらか。

準備したパート・シュクレの中にクレーム・ダマンドを入れ、ゴムべらで平らにならす。

いちごはへたを取って縦2～3等分に切り、⑧の外側から中心に向かって同心円状に並べる。

タイムをのせ、200℃に予熱したオーブンに入れ、180℃に設定し直して合計1時間ほど焼く。焼きむらのあるオーブンの場合は、30分焼いたら天板の向きを変えてさらに30分ほど焼く。

いちごにほどよく焦げ色がつき、クレーム・ダマンドにもしっかり焼き色がついたら焼き上がり。型から外して網にのせて冷ます。食べる直前に粉砂糖をふる。

タルト・オ・シトロン
Tarte au citron

フランスではパティスリーの定番菓子で、日本でも人気です。
さわやかな酸味のクレーム・オ・シトロン（レモンクリーム）、甘いメレンゲ、
コクのあるクレーム・ダマンドをタルトの中で調和させるのが醍醐味です。
きりっと酸味をきかせたクレーム・オ・シトロンを薄めに流し、
イタリアン・メレンゲを焦がして香ばしさをプラスするのが私のこだわり。
クレーム・ダマンドを厚めにすることで、タルトが湿らずサクサクのままです。

>作り方はp.62-63

タルト・オ・シトロン

●クレーム・オ・シトロンは湯が静かに沸く程度の高温の湯煎で卵にしっかりと火を通します。冷たいバターを溶かし込むことで、つややかな仕上がりになります。

●イタリアン・メレンゲはシロップの熱で火を通すことで卵白を殺菌し、卵臭さが消えてクリアな味になります。ガスバーナーで焦がす際はタルトをガスコンロの上に置いて火の気に十分注意しましょう。これらの加熱により、デコレーション後に離水しにくくなります。

材料（直径18cmの底取タルト型1台分）

パート・シュクレ
（空焼きしたもの→p.86〜88参照）—— 1台

［クレーム・ダマンド］
- バター（食塩不使用）—— 50g
- きび砂糖 —— 40g
- 卵 —— 50g
- アーモンドパウダー —— 50g

［クレーム・オ・シトロン］
- 卵黄 —— 2個
- 全卵 —— 卵黄と合わせて60g
- きび砂糖（クリスタルタイプ）—— 40g
- レモン汁 —— 30g
- レモンの皮（すりおろす）—— 1/2個分
- バター（食塩不使用）—— 15g

［イタリアン・メレンゲ］
- 卵白 —— 35g
- きび砂糖（クリスタルタイプ）—— 5g
- シロップ
  - きび砂糖（クリスタルタイプ）—— 55g
  - 水 —— 10g

［仕上げ］
ピスタチオ（刻む）—— 適量

下準備

・クレーム・ダマンドはタルト・オ・フレーズの作り方①〜⑦（p.58〜59）を参照して作る。

・オーブンは200℃に予熱する。

作り方

1 空焼きしたパート・シュクレにクレーム・ダマンドを入れ、ゴムべらで平らにならす。

2 200℃に予熱したオーブンに入れて約25分焼く。しっかりと焼き色がついたら型から外して網にのせて冷ます。

3 クレーム・オ・シトロンを作る。ボウルに卵黄、全卵、きび砂糖を入れ、ゴムべらでよくすり混ぜる。

4 レモン汁とレモンの皮を加える。

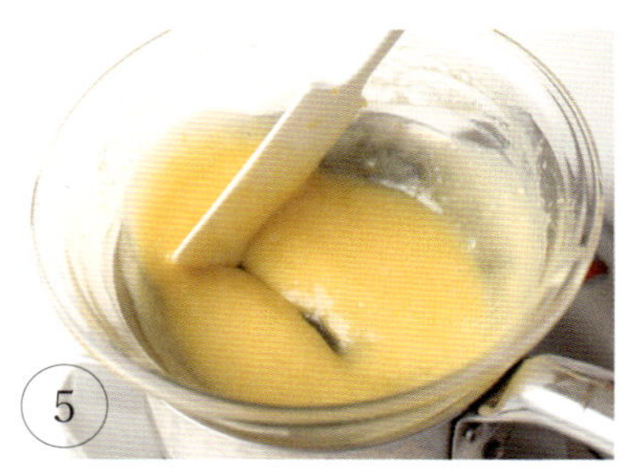

5 湯がふつふつと静かに沸く程度の湯煎にかけ、へらの跡が残るくらいにとろみがついてつやが出るまで混ぜる。

6 冷たいバターを加えて溶かし込む。

ざるで漉し、ラップを表面に密着させて粗熱をとる。

冷めた②の上に粗熱のとれた⑦を流す。

パレットナイフで表面を平らにならし、冷蔵庫で2〜3時間冷やす。

イタリアン・メレンゲを作る。ボウルに卵白を入れてハンドミキサーで泡立てる。羽根の跡がうっすら残るくらいになったらきび砂糖5gを加える。

ツノがぴんと立つまで泡立てる。
⇒ミキサーは泡立て始めは低速、ある程度泡立ったら速度を上げる。

シロップを作る。小鍋にきび砂糖55gと分量の水を入れ、へらで混ぜて砂糖全体を湿らせる。中火にかけ、鍋を軽く揺すりながら118〜120℃に熱する。

⑪を泡立てながら⑫のシロップを少しずつ加えていく。

メレンゲの温度が完全に下がるまで泡立て続ける。

つやが出たらでき上がり。サントノーレ口金をつけた絞り袋に入れる。

⑨の縁に⑮を斜めにずらしながら一周絞る。

ガスバーナーでイタリアン・メレンゲに香ばしい焼き色をつける。刻んだピスタチオを飾る。

ガトー・バスク・オ・スリーズ

Gâteau basque aux cerises

フランス南西部からスペイン国境にほど近い、フランス領バスク地方の伝統菓子です。
現地のガトー・バスク博物館で教わったものは
分厚いタルト生地にクレーム・パティシエールをたっぷりと詰めたものでしたが、
名産のさくらんぼを焼き込むのも、ご当地の定番スタイル。
ここでは季節を問わず入手できる市販の洋酒漬けチェリーを使いました。
焼いた当日はクリームのやわらかさと生地のサクサク感の対比を、
翌日はしっとりとした生地の味わいをお楽しみください。

>作り方はp.66

ガトー・バスク・オ・スリーズ

●フレッシュのさくらんぼが入手できる時期は、グリオットチェリーのキルシュ漬けの代わりにアメリカンチェリーを種を抜いて焼き込むのもおすすめです。

●日持ちがしないお菓子です。冷蔵庫で保存して2日で食べ切ってください。

材料

(口径16×高さ4cmのマンケ型1台分)

[パート・バスク]

- バター(食塩不使用)—— 90g
- きび砂糖 —— 70g
- 卵 —— 20g
- ラム酒 —— 5g
- 薄力粉 —— 100g
- アーモンドパウダー —— 80g

クレーム・パティシエール(p.67参照)—— 全量

グリオットチェリーのキルシュ漬け(市販)—— 15個

溶き卵 —— 適量

下準備

・バターは1cm角に切り、常温(約20℃)にもどす。目安は指で簡単につぶせるくらい。

・型の底にオーブンシートを敷き、側面にバター(分量外)を塗って冷蔵庫で冷やしておく。

・オーブンは天板ごと200℃に予熱する。

作り方

1 パート・バスクはパート・シュクレの作り方①〜⑩(p.86〜87)を参照して作る(③で卵とともにラム酒も加える)。

2 ①を1：2に分け、それぞれを手で円盤状に整える。ラップの上に生地をのせ、打ち粉(強力粉・分量外)をふって麺棒でそれぞれを3〜5mm厚さの正円にのばすa。ラップで包んで冷蔵庫で約1時間休ませる。

3 ②の大きいほうは直径18cmに切りb、小さいほうは直径15cmに切る。小さいほうは再び冷蔵庫に入れる。
⇒あれば大きさの合ったセルクルを当てるときれいに切れる。

4 ③の大きいほうを10〜13℃にもどし、パート・シュクレの作り方⑰〜⑲(p.88)と同様に型に敷き込むc。冷蔵庫で15分ほど休ませる。

5 フォークで底面に穴をあけ、生地の縁に溶き卵を塗るd。

6 クレーム・パティシエールからバニラのさやを取り除いて⑤に入れる。グリオットチェリーのキルシュ漬けを円状に押し込みe、ゴムべらでクリームを平らにならす。

7 ③の小さいほうの生地を⑥にのせ、直径12cmと10cmのセルクルで二重丸に筋をつけf、上面全体に溶き卵を塗る。
⇒セルクルがなければナイフで筋をつけたり、フォークで格子模様をつけてもよい。

8 天板ごと200℃に予熱したオーブンに入れ、180℃に設定し直して約60分焼く。型から外して網の上にのせて冷ます。

クレーム・パティシエール
Crème patissière

フランス語で「菓子屋のクリーム」の名を持つこのクリームは、
シュークリームやケーキ作りに欠かせない、カスタードクリームのことです。
ここではキルシュを混ぜますが、用途に合わせてラム酒などを使うこともあります。
卵をたっぷり使うのでしっかりと火を通し、冷蔵庫で保存して当日中に使い切りましょう。使い切れない場合は
空気が入らないようにラップで包んで冷凍庫で保存し、冷蔵庫で2〜3時間解凍して使います。

材料（作りやすい分量）

牛乳 —— 190g + 10g
バニラビーンズ —— 1/4本
卵黄 —— 40g
きび砂糖 —— 30g
薄力粉 —— 15g
バター（食塩不使用）—— 15g
キルシュ —— 10g

下準備

- バニラビーンズはさやを切り開き、ナイフの刃先で種子をこそげ出す。
- バターは冷蔵庫で冷やしておく。

作り方

1. 鍋に牛乳190gとバニラビーンズをさやごと入れて火にかける。沸騰したら火からおろす。
2. ボウルに卵黄、牛乳10g、きび砂糖を入れ、卵黄が固まらないようにすぐにゴムべらでよく混ぜる。
3. ②に薄力粉をふるい入れ、粉気がなくなるまで混ぜるa。①の半量を加えb、溶きのばしつつ砂糖を溶かす。
4. ③を①の鍋に戻しc、中火にかけて焦げないように常に底から混ぜながら加熱する。
5. 鍋底がふつふつと沸騰してつやが出たら、火を止めて冷たいバターとキルシュを加えて混ぜ込むd。
6. ボウルに移してラップを表面に密着させ、上下に保冷剤を当てて急冷するe。使うときは冷えて固まったものをゴムべらでよく混ぜてなめらかにもどすf。

a b c d e f

タルト・オ・ノア
Tarte aux noix

「ノア」はフランス語で木の実を意味します。
くるみ、アーモンド、マカダミアナッツ、ピーカンナッツなどを
クレーム・ダマンドの上にたっぷりと敷き詰め、
キャラメルをまわしかけて香ばしく焼き上げます。
パート・ブリゼのザクザクとした食感もこのタルトの大切な要素です。
食べ心地のよい食感が長持ちするように、しっかりと空焼きしたものを使います。

>作り方はp.70

タルト・オ・ノア

●ナッツが全種類そろわない場合は、好みの種類を合わせて75g使ってください。刻んでローストしてしっかりと水分を飛ばすことで、カリッと香ばしいタルトに仕上がります。

●パート・ブリゼはしっかりと空焼きしたものを使います。

材料（18cmの底取タルト型1台分）

パート・ブリゼ
（空焼きしたもの→p.89～91参照）—— 1台

［クレーム・ダマンド］
- バター（食塩不使用）—— 50g
- きび砂糖 —— 40g
- 卵 —— 45g
- アーモンドパウダー —— 50g
- ラム酒 —— 5g

くるみ、ピーカンナッツ、マカダミアナッツ、アーモンド、ピスタチオなど —— 合計75g

［キャラメル］
- 生クリーム（乳脂肪分36％）—— 80g
- はちみつ —— 20g
- きび砂糖（クリスタルタイプ）—— 60g

下準備

・クレーム・ダマンドはタルト・オ・フレーズの作り方①～⑦（p.58～59）を参照し、アーモンドパウダーのあとにラム酒も加えて作る。

・ピスタチオ以外のナッツは粗く砕き、150℃のオーブンで約15分焼く。

・オーブンは200℃に予熱する。

作り方

1 空焼きしたパート・ブリゼに準備したクレーム・ダマンドを入れ、ゴムべらで表面を平らにならすⓐ。

2 ナッツを全面に散らす。

3 鍋にキャラメルの材料を入れて中火にかけ、耐熱のへらで混ぜて砂糖を溶かす。泡が減って黄色っぽくなり、112℃になったらⓑ、②にまわしかけるⓒ。へらで全体に行き渡らせて平らにならす。

4 200℃に予熱したオーブンに入れ、180℃に設定し直して約30分焼くⓓ。型から外して網にのせて冷ます。
⇒冷めるにしたがってキャラメルは固まっていく。

a

b

c

d

キッシュ・ロレーヌ

●ベーコンを半量にしてほかの具材を足してもよいでしょう。野菜など水分のある素材は必ず加熱して水分を飛ばしておきます。

●チーズはすりおろすことでふっくらと軽やかに仕上がります。さらにハーブをのせて香りをプラスしてもよいでしょう。

●パート・ブリゼはしっかりと空焼きしたものを使います。亀裂があるとアパレイユがしみ出るので、溶き卵を塗ってコーティングします。

材料（直径18cmの底取タルト型1台分）

パート・ブリゼ
（空焼きしたもの→p.89〜91参照）—— 1台

［アパレイユ］
- 溶き卵 —— 100g
- 生クリーム（乳脂肪分36%）—— 130g
- 塩、こしょう —— 各適量
- ナツメグパウダー —— 適量

ベーコン —— 100g
グリュイエールチーズ —— 50g

下準備

・空焼きしたパート・ブリゼに亀裂が入っていれば、溶き卵少々（分量外）を塗って、乾燥させる。
・オーブンは200℃に予熱する。

作り方

1. ボウルにアパレイユの材料を入れてゴムべらでむらなく混ぜ合わせる。
2. ベーコンは1cm幅に切り、フライパンで脂がしみ出るまで炒める。ペーパータオルの上に取り出して脂を取るⓐ。
3. チーズは細かくすりおろすⓑ。
4. 空焼きしたパート・ブリゼの中に、②と③をかたよりなく入れ、①を静かに注ぎ入れるⓒ。
5. 200℃に予熱したオーブンに入れ、180℃に設定し直して20〜25分焼く。焼きむらのあるオーブンの場合は、20分焼いたら天板の向きを変えてさらに5分ほど焼く。焼けたら型から外して網にのせて冷ます。

a

b

c

キッシュ・ロレーヌ

Quiche lorraine

キッシュの起源は諸説あり、フランスでは16世紀、アンリ3世の時代に
ロレーヌ地方で食されていた記録が残っているそうです。
フランス中の人びとに愛されているこの塩味のタルトは、
具材を自由にアレンジできるのも人気の理由のひとつ。
私の教室の生徒さんにも人気のメニューです。
ここではもっともポピュラーなベーコンとチーズのキッシュをご紹介します。
サラダを盛り合わせて、軽い食事にいかがでしょう。

>作り方はp.71

タルト・タタン

Tarte tatin

このお菓子の成り立ちには諸説ありますが、
19世紀にフランス・ソローニュ地方で「Hôtel Tatin」を営んでいたタタン姉妹が
りんごのタルト作りに失敗して、たまたまできたといわれています。
甘酸っぱいりんごをじっくりと香ばしくキャラメリゼして、
サクサクのタルト生地をかぶせて逆さにして取り出します。
りんごは紅玉やサンふじなど、酸味があってシャキシャキとした食感のものを選ぶのがポイントです。

>作り方はp.76-77

切り分けてクレーム・シャンティイを添えて食べるのがおすすめ。
ここで添えたクレーム・シャンティイは、
生クリーム（あれば乳脂肪分36%）60gにきび砂糖3gを加えて
七分立てにし、カルヴァドスで香りづけしたものです。
水切りヨーグルトを添えてもよいでしょう。

タルト・タタン

●りんごは紅玉やサンふじなど、ペクチンを多く含む酸味の強いものを使います。

●りんごのキャラメリゼはりんごの皮を加えることで赤い色とペクチンを補います。しっかりとキャラメリゼすることでオーブンでの焼き時間を短縮できます。

●りんごのキャラメリゼはひと晩冷蔵庫でねかせることでりんごとキャラメルが一体化し、りんごのペクチンが固まって互いに結着して型抜き時に崩れにくくなります。

●パート・ブリゼは卵ではなく水を使ってあっさりした風味にします。しっかり焼くとザクザクとした食感が長持ちします。

下準備

・パート・ブリゼはp.89〜90の作り方①〜⑮を参照し、⑥で卵の代わりに水を加えて、のばし終わりが直径18cm、厚さ約3mmの正円になるようにする（写真下）。

・型の底にオーブンシートを敷く。

・オーブンは天板ごと200℃に予熱する。

材料（口径16×高さ4cmのマンケ型1台分）

［パート・ブリゼ］

準強力粉 —— 70g
塩 —— 0.5g
きび砂糖 —— 10g
バター（食塩不使用）—— 45g
水 —— 20g

［りんごのキャラメリゼ］

りんご（紅玉、またはサンふじ）—— 約1kg（正味約900g）
きび砂糖（クリスタルタイプ）—— 80〜90g*
バター（食塩不使用）—— 40g
レモン汁 —— 20g
カルヴァドス（好みで）—— 15g

＊りんごの種類で砂糖の量が変わる。酸味の強い紅玉なら90g、甘みの強いサンふじなら80g。

作り方

〜1日目〜

りんごのキャラメリゼを作る。りんごは皮をむき、6〜10等分のくし形切りにして芯を取る。皮は半量（赤くてきれいな部分）をとっておく。

フライパンにきび砂糖を強めの中火で熱し、触らずに濃い茶色に焦がし、バターを加える。
⇒混ぜると砂糖が再結晶化し、きれいなキャラメルにならない。

りんご、りんごの皮、レモン汁を加え、混ぜずに熱し続ける。

表面に焼き色がついたら順番に返し、中火で30分ほどソテーする。キャラメルが焦げつかないよう、たまにこそげるようにして混ぜる。皮は色が抜けたら取り除く。水分が出てとろりとしてきたらカルヴァドスを加えてアルコール分を飛ばす。

5

準備した型に④を外側から放射状にぎっしりと並べていく。1段並べ終えたら2段目を並べ、中央には半分に切って詰める。

6

焼き汁をまわしかける。

7

天板ごと200℃に予熱したオーブンに入れ、180℃に設定し直して40〜50分焼く。焼けるとりんごが膨張する。

8

ゴムべらでりんごの膨らみを押さえて型の高さに平らにならす。網の上に置いて粗熱をとり、ラップをかけて冷蔵庫でひと晩ねかせる。

〜2日目〜

9

パート・ブリゼは直径17cmに丸く切り、フォークで全体に穴をあける。

10

オーブンシートを敷いた天板にのせ、200℃に予熱したオーブンに入れ、180℃に設定し直して約25分焼く。網にのせて冷ます。

11

⑧の型の底を熱湯に数秒間浸し、引き上げて湯を拭き取る。

12

縁にそってゴムべらを一周すべらせて型からりんごをはがす。

13

⑩を裏返して⑫にのせる。

14

皿やまな板などを上にのせて上下を返す。静かに型を外す。オーブンシートをはがし、あればガスバーナーで表面をあぶってつやを出す。
⇒冷えて白く固まったバターが溶けてつややかになる。

パルミエ
Palmiers

「パルミエ」はフランス語で「ヤシの木」の意味。
このパイ菓子の形がヤシの葉に似ていることに由来します。
パイ生地に粒状の砂糖をまぶして折ることを数回繰り返すと、
生地はほどよく詰まってザクザクに、
砂糖は香ばしくキャラメリゼされてカリカリに焼き上がります。

●成形した生地の輪になっているほうをつまむことで、つまんだ部分が広がらずにハートの形に焼き上がります。

●しっかりと焼くことで香ばしくなり、焼いている間にバターが溶け出して軽やかな仕上がりになります。

材料（9枚分）

パート・フィユテ（p.92〜95参照）—— 半量
きび砂糖（クリスタルタイプ）—— 40g

下準備

・オーブンは200℃に予熱する。

作り方

1. 作業台にオーブンシートを敷いてきび砂糖の1/3量をふり、パート・フィユテを麺棒で20×25cm大にのばす。シートごと板にのせ、ラップをかけずに冷凍庫で約15分休ませる。
2. 生地が横長になるように置き、生地の左右の端をまっすぐに切り落とし、左右の中央にナイフの背で縦に1本筋をつける。
3. ②の表面に刷毛で水を薄く塗り、残りのきび砂糖の半量をふりかけるⓐ。生地の左右を5cmずつ折り返すⓑ。
4. ③の左右の端が中央で合うように折り、さらに中央に入れた筋にそって半分に折る。
5. 残りのきび砂糖を全体にまぶして横長に置き、麺棒で中央を押さえてへこませるⓒ。ラップをかけずに冷凍庫で約20分冷やし固める。
6. 端を切り落とし、1cm幅に切り分けるⓓ。
7. オーブンシートの上に断面が見える向きに、間隔をあけて互い違いに並べる。輪になっているほうを指でぎゅっとつまむⓔ。
8. オーブンシートごと天板にのせて200℃に予熱したオーブンに入れ、180℃に設定し直して9分焼く。くっつけた部分の生地がもし広がっていたらゴムべらでくっつけてⓕ、天板を反転させてさらに約16分焼く。きれいな焼き色がついたら焼き上がり。天板のまま網の上に置いて冷ます。

a

b

c

d

e

f

サクリスタン・サレ
Sacristains salès

リボン状に切ったパイ生地をねじって成形した塩味のパイです。
「聖具室の担当者」を意味する菓子名は、教会の聖具保管担当者が
ねじれた杖を持っていたことに由来するそうです。
サクサクと香ばしく塩気がきいているので、おつまみにぴったり。
砂糖や刻んだナッツをふって甘く仕立てることもできます。

●パルミジャーノチーズは量が多いと苦みが出ます。ほどほどの量にとどめましょう。ごまは2色を混ぜてもよいでしょう。

●成形後に休ませてグルテンを落ち着かせてから焼きます。休ませ方が足りないとねじれが戻ってしまいます。

●しっかりと焼くことでバターが溶け出して軽やかな仕上がりになります。

材料（約18本分）

パート・フィユテ（p.92〜95参照）—— 半量
パルミジャーノチーズ —— 適量
白ごま、黒ごま —— 各適量
塩、こしょう —— 各適量

下準備

・オーブンは200℃に予熱する。
・天板にオーブンシートを敷く。

作り方

1. 作業台にオーブンシートを敷いて打ち粉（強力粉・分量外）をふり、パート・フィユテを20×25cm大にのばす。生地を縦長に置き、刷毛で水を薄く塗り、パルミジャーノチーズを全面に削りかけるⓐ。
2. 上下から三つ折りにするⓑ。
3. 打ち粉をふって麺棒で15×25cm大にのばしⓒ、板にのせてラップをかけずに冷凍庫で約20分休ませる。
4. 生地の四辺をまっすぐに切り落とし、刷毛で水を薄く塗る。パルミジャーノチーズと2色のごまを好みにふり分けⓓ、全体に塩、こしょうをふり、オーブンシートをかぶせて手で押さえ、なじませる。
5. 生地を裏返して④と同様にチーズ、ごま、塩、こしょうをふる。
6. 1cmくらいの幅に切り分けるⓔ。
7. 2周ねじってオーブンシートに並べ、両端の生地をシートにはりつけるⓕ。板などにのせ、そのまま冷蔵庫で15分ほど休ませる。
8. オーブンシートごと天板にのせて200℃に予熱したオーブンに入れ、180℃に設定し直して15分焼く。天板を反転させてさらに約15分焼く。きれいな焼き色がついたら焼き上がり。天板にのせたまま網の上に置いて冷ます。

ガレット・デ・ロワ

Galette des rois

1月6日、キリストの公現祭（エピファニー）にみんなで集まって食べる
フランスでもっとも人気があり、昔からなじみのあるお菓子です。
クレーム・ダマンドをパイ生地で包み、
木の葉や太陽など自然のモチーフを描いて焼きます。
クレーム・ダマンドの中にフェーヴ（陶器でできた人形）を隠すのがお約束。
切り分けて配られたお菓子の中にフェーヴが入っていれば、
王様になって王冠をかぶることができ、一年を幸せに過ごせるといわれています。
年始めのおみくじのような楽しさがあり、私の教室でも人気の一品です。

>作り方はp.84-85

ガレット・デ・ロワ

●生地にナイフで模様を描くときは、生地を切らず、表面に筋がつくくらいの力加減にします。模様は木の葉のほか、太陽、月桂樹、四つ葉など、好みのものを。全面に均等に絵柄を入れるときれいに焼けます。

●焼成中に天板をのせるタイミングが大切です。早すぎると膨らみが足りなくてボリュームが出ず、遅いと膨らみすぎて層が崩れてしまいます。

●しっかりと焼くことで香ばしくなり、焼いている間にバターが溶け出して軽やかな仕上がりになります。

材料（直径約16cm 1台分）

パート・フィエテ（p.92〜95参照）
—— 全量

［クレーム・ダマンド］
- バター（食塩不使用）—— 35g
- きび砂糖 —— 35g
- 卵 —— 30g
- アーモンドパウダー —— 40g

溶き卵 —— 適量
金柑 —— 20g
フェーヴ —— 1個

下準備

・クレーム・ダマンドはタルト・オ・フレーズの作り方①〜⑦（p.58〜59）を参照して作り、絞り袋に入れる。

・金柑は大粒なら8等分、小粒なら4等分に切り、種を取り除く。

・オーブンは220℃に予熱する。

作り方

1 パート・フィユテを2等分にする。

2 打ち粉（強力粉・分量外）をふり、それぞれを麺棒で2〜3mm厚さの正方形にのばす。冷蔵庫で約15分休ませる。

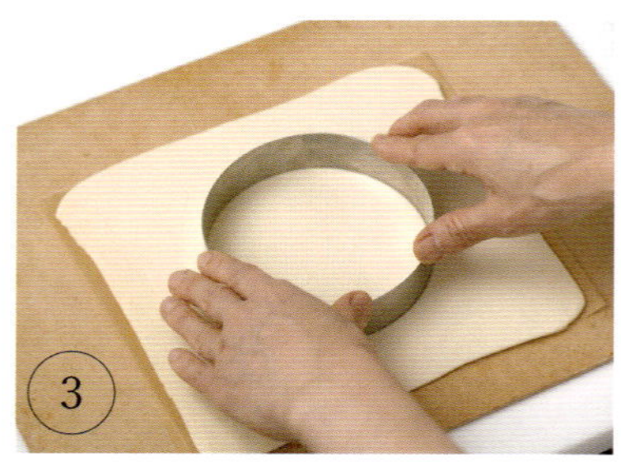

3 片方の生地の中央に直径12cmのセルクルを押し当てて線をつける。

4 線の内側全体にフォークで穴をあける。

5 線の外側に溶き卵を1.5cm幅ほどに刷毛で塗る。

6 クレーム・ダマンドの絞り袋の先を7〜8mm切り、半量を線の内側にうず巻き状に絞る。

7 金柑とフェーヴをのせる。

8 残りのクレーム・ダマンドを⑥と同様に絞り、ゴムべらで平らにならす。

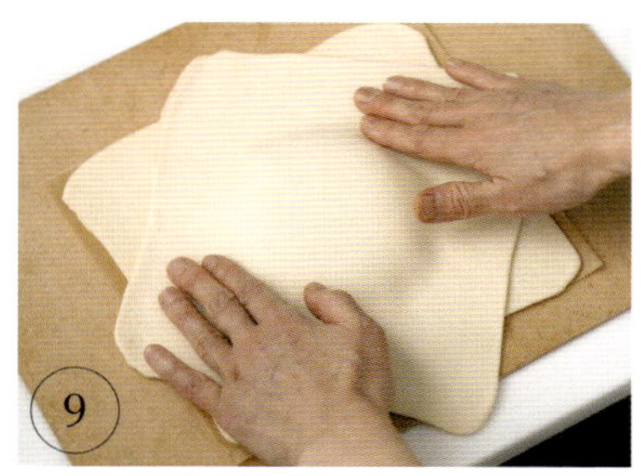

もう1枚の生地を向きを45度ずらして上にのせ、クレーム・ダマンドにぴったりと密着させ、周囲を指で押さえて生地同士をはり合わせる。

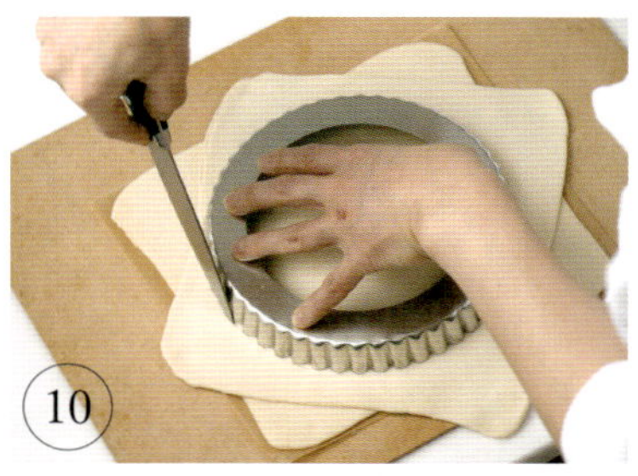

直径18cmになるよう、余分な生地を切り取る。
⇒あれば直径18cmのタルト型を逆さにして型にナイフをそわせると切りやすい。

回転台にオーブンシートを敷いて⑩をのせ、刷毛で全体に溶き卵を塗る。

ナイフの刃先で縁から1cm内側に円を描き、縁に1cm間隔で斜めに刻みを入れる。

木の模様を描く。
⇒模様は好みの絵柄でよい。

天板にのせて220℃に予熱したオーブンに入れ、200℃に設定し直して25分ほど焼く。焼きむらのあるオーブンの場合は、20分焼いたら天板の向きを変えてさらに5分ほど焼く。

写真のように全体に焼き色がついたらガレットの上にオーブンシートをかぶせ、別の天板をのせる。200℃のオーブンに戻してさらに15分焼き、上にのせた天板とオーブンシートを取り、さらに5分ほど焼く。

焼き色が濃くなったら焼き上がり。網にのせて冷ます。

完熟の金柑を焼き込むと、甘酸っぱさとほろ苦さ、皮の香りがよいアクセントになります。

パート・シュクレ
Pâte sucrée

クレーム・ダマンドを詰めて焼き上げるタルトに向いていて、型抜きして焼けばサブレにもなる甘い生地です。
余分がほとんど出ない分量なので、ボウルやゴムべら、羽根についた生地は余さずに使い、
タルト型の大きさに合わせて丸くのばします。
タルトの基本となる、応用範囲の広い生地です。

材料（直径18cmのタルト型1台分）

バター（食塩不使用）—— 45g
きび砂糖 —— 20g
卵 —— 10g
薄力粉 —— 70g
アーモンドパウダー —— 10g

下準備

- バターは1cm角に切り、常温（約20℃）にもどす。目安は指で簡単につぶせるくらい。
- 敷き込み用のオーブンシートを準備する。30cm四方のオーブンシートを2等分に4回折り、端を切り落として二等辺三角形にし、下辺の中央に型の高さより少し長く切り込みを入れるⓐ。広げた状態ⓑ。
- オーブンは200℃に予熱する。

ⓐ

ⓑ

作り方

〜生地作り〜

1

ボウルにバターを入れ、ハンドミキサーで攪拌する。

2

きび砂糖を2回に分けて加え、その都度しっかりと攪拌して空気を含ませる。
⇒ミキサーは混ぜ始めは低速、ある程度混ざったら速度を上げる。

3

卵を2回に分けて加え、その都度全体になじむまでよく攪拌する。

4

卵が完全になじんだ状態。

5

薄力粉とアーモンドパウダーを合わせてふるい入れる。

6

ゴムべらで底からすくって上に返しながら、

7
切るように混ぜていく。

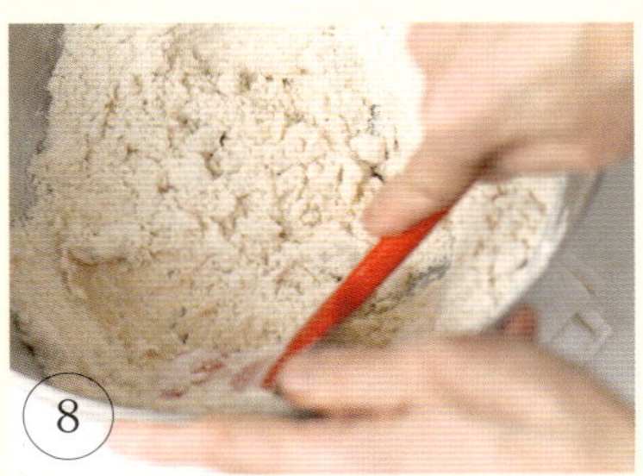
8
ある程度混ざったら、ボウルに押しつけるようにして練らずにまとめていく。

9
粉がほぼ混ざった状態。

10
手で生地をひとまとめにする。

～成形～

11
円盤状にまとめる。

12
作業台にラップを敷いて打ち粉（強力粉・分量外）をふり、生地と手にも粉をつけて生地を直径18cmほどに丸くのばす。縁に亀裂が入ったら指で押さえてくっつける。

13
型よりやや大きくのばす。

14
麺棒にも打ち粉をつけ、生地を直径22cmにのばす。麺棒は常に中心から端へと転がし、向きを少しずつ変えることで生地を正円にする。厚さの目安は2～3mm。
⇒端が薄くなりがちなので、真ん中をしっかり押さえて、厚みを均等にする。

15
ラップで包んで冷蔵庫で最低1時間休ませる。

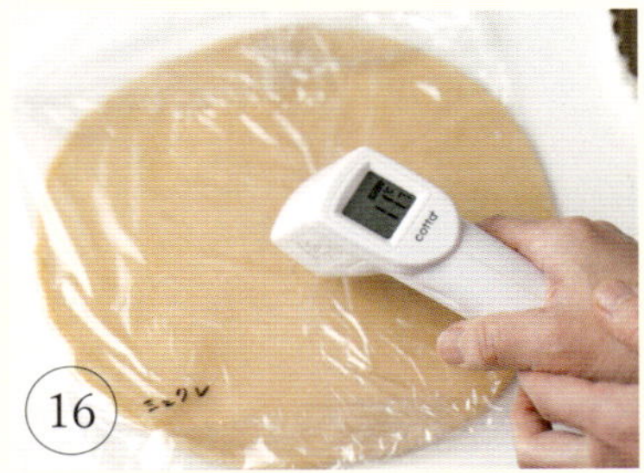
16
冷蔵庫から出して10～13℃にもどす。
⇒手で触ってみて生地がしなるようになるくらいが目安。

～敷き込み～

17

型に生地をのせ、中央をたるませて型に落とし込む。

18

型の角は生地を指で押さえて折り曲げてぴったりと密着させる。側面の凹凸にも密着させる。
⇒型の角にすき間があると焼成中に側面の生地がずり落ちて低くなってしまう。

19

上にはみ出した生地をナイフで切り落とす。ナイフは型の内側から外側へと動かし、一度にまとめて切らず、少しずつ切っていく。
⇒余った生地はサブレとして焼くとよい。

20

底面にフォークで穴をあける。冷蔵庫で15分ほど休ませる。

～焼成～

21

生地の上に準備したオーブンシートを敷き込み、角にしっかりと折り目をつけて切り込み部分を立たせる。

22

タルトストーンを敷き詰める。焼成中に側面の生地が下がってくるのを防ぐために縁付近は型の高さまで、中央は薄くしてすり鉢状に詰める。
⇒タルトストーンは、乾燥小豆や生米で代用できる。

23

200°Cに予熱したオーブンに入れ、180°Cに設定し直して約25分焼く。生地を傷つけないようにスプーンでタルトストーンを取り出し、オーブンシートも取る。

24

型の向きを変えてオーブンに戻し、さらに3～5分焼く。きれいな焼き色がついたら焼き上がり。型のまま網にのせて冷ます。

◎保存の仕方

すぐに使わない場合は手順⑮の状態で冷凍保存できる。保存期間は2週間以内。解凍は冷蔵庫で2～3時間。

パート・ブリゼ
Pâte brisée

粉に冷たいバターを混ぜ込む「サブラージュ」という方法で作るタルト生地です。
しっかり焼くとザクザクとしてパイ生地に近い食感になります。
甘さ控えめの生地なので、甘みの強い素材やキッシュなどの塩味のものに合います。
タルトピンや骨抜きで生地の端をつまんで縄目模様をつけると、
仕上がりが美しくなり、ザクザクとした食感がより際立ちます。

材料（直径18cmのタルト型1台分）

準強力粉 —— 90g
きび砂糖 —— 2g
塩 —— 1g
バター（食塩不使用）—— 45g
卵 —— 32g

下準備

・バターは1cm角に切り、冷蔵庫で冷やしておくⓐ。
・オーブンは200℃に予熱する。
・敷き込み用のオーブンシートを準備する。30cm四方のオーブンシートを2等分に4回折り、端を切り落として二等辺三角形にし、下辺の中央に型の高さよりも少し長く切り込みを入れるⓑ。広げた状態ⓒ。

a

b

c

作り方

〜生地作り〜

1

ボウルに準強力粉をふるい入れる。

2

きび砂糖、塩、バターを加えてカードでバターを細かく刻む。

3

バターが細かくなり、まんべんなく粉がまぶされた状態。

4

指でバターをつぶしながら粉となじませていく。

5

バターがなじんだら手のひらでこすり合わせる（サブラージュ）。
⇒手の温度でバターが溶けないように手早く行う。小さなかたまりが少し残っていたほうがザクザクとした食感になるので、ざっとでよい。

6

中央をくぼませて卵を加える。

7

カードで底からすくって上に返し、切るように混ぜる。

8

卵が全体に行き渡るとそぼろ状になる。

9

手で生地を押さえてひとまとめにする。

～成形～

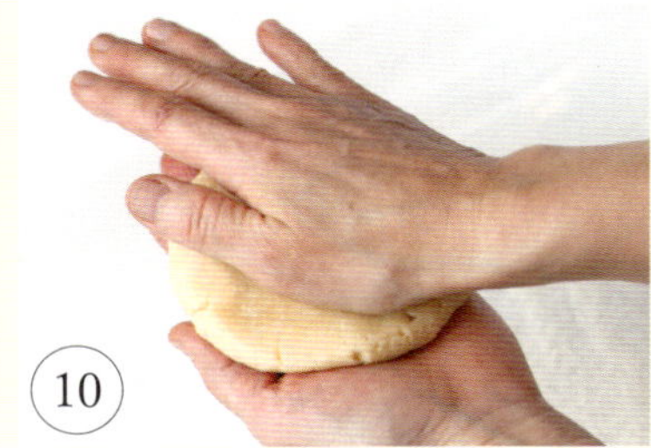

10

手で円盤状にまとめる。

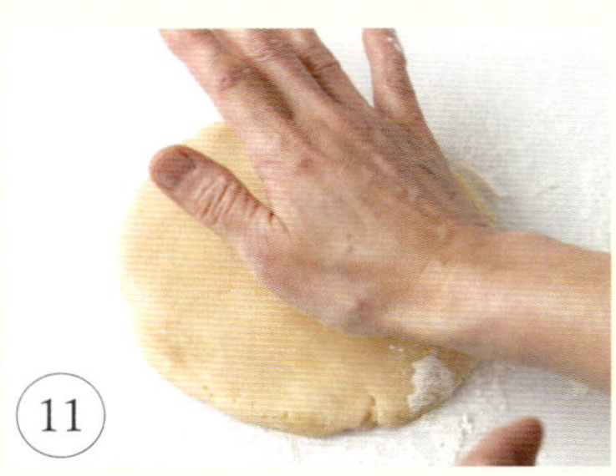

11

作業台にラップを敷いて打ち粉（強力粉・分量外）をふり、生地と手にも粉をつけ、生地を直径18cmほどに丸くのばす。

12

縁に亀裂が入ったら指で押さえてくっつける。

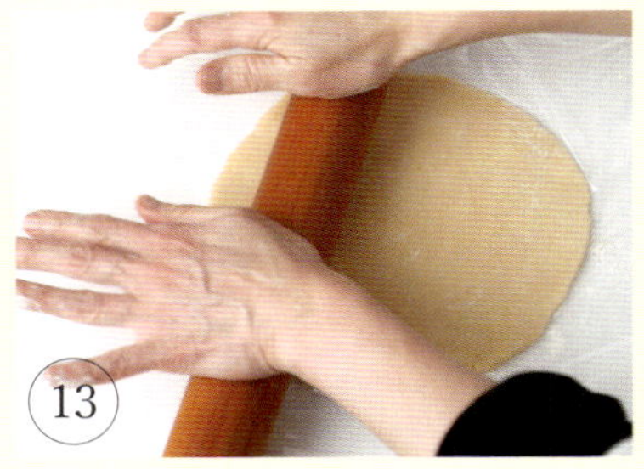

13

麺棒にも打ち粉をふり、直径23～24cmにのばす。麺棒は常に中心から端へと転がし、少しずつ向きを変えることで生地を正円にする。厚さの目安は3～4mm。

⇒端が薄くなりがちなので、真ん中をしっかり押さえて、厚みを均等にする。

14

型を当てて側面も覆える大きさになっていることを確認する。

15

ラップで包んで冷蔵庫で最低1時間休ませる。

～敷き込み～

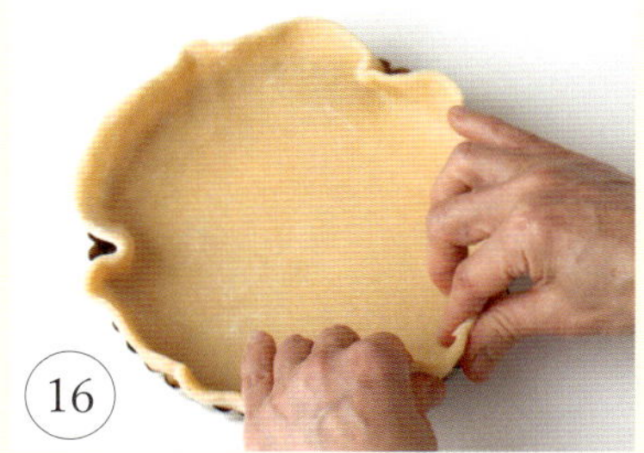

冷蔵庫から出して15～18℃にもどし、型に生地をのせ、中央をたるませて型に落とし込む。
⇒手で触ってみて生地がしなるようになればちょうどいい温度。

型の角は生地を指で押さえて折り曲げて密着させ、側面の凹凸にも密着させる。
⇒型の角にすき間があると焼成中に側面の生地がずり落ちて低くなってしまう。

上にはみ出した生地をタルトピン（または骨抜き）で斜めにごく軽くつまむことを一周繰り返して縄目のような模様をつける。
⇒見た目が美しくなるだけでなく、生地に高さが出るので具材を詰めやすくなる。ナイフの背でも模様をつけることができる。

底面にフォークで穴をあける。冷蔵庫で15分ほど休ませる。

～焼成～

生地に準備したオーブンシートを敷き込み、角にしっかりと折り目をつけて切り込み部分を立たせる。

タルトストーンを敷き詰める。焼成中に側面の生地が下がってくるのを防ぐために縁付近は型の高さまで、中央は薄くしてすり鉢状に詰める。
⇒タルトストーンは、乾燥小豆や生米で代用できる。

天板ごと200℃に予熱したオーブンに入れ、180℃に設定し直して約25分焼く。

生地を傷つけないようにスプーンでタルトストーンを取り出し、オーブンシートも取る。

型の向きを変えてオーブンに戻し、さらに5分ほど焼く。しっかり焼き色がついたら焼き上がり。型のまま網にのせて冷ます。

◎保存の仕方

すぐに使わない場合は、手順⑮の状態で冷凍保存できる。保存期間は2週間以内。解凍は冷蔵庫で2～3時間。

パート・フィユテ
Pâte feuilletée

幾重もの層状に膨らむ、ベーシックな折り込みパイ生地です。
デトランプ生地でバターを包み込み、折ってのばす作業を何度も繰り返して作ります。
折る回数や生地の厚みの違いで焼き上がりのボリュームが変わります。
ここでは三つ折り2回を4セット繰り返して合計8回折るレシピをご紹介します。

材料（作りやすい分量）

［デトランプ］
準強力粉 —— 140g
塩 —— 1.5g
きび砂糖 —— 6g
バター（食塩不使用）—— 20g
レモン汁（濾す）—— 5g
水 —— 70g
［折り込み用］
バター（食塩不使用）—— 100g

下準備

・デトランプのバターは1cm角に切り、冷蔵庫で冷やしておくⓐ。
・折り込み用のバターはポリ袋に入れ、麺棒で押さえてⓑ約11cm四方、約1cm厚さにのばしⓒ、冷蔵庫で冷やしておく。

ⓐ

ⓑ

ⓒ

作り方

〜デトランプ作り〜

1

ボウルに準強力粉、塩、きび砂糖を合わせてふるい入れる。

2

準備したバターを入れてカードで細かく刻む。

3

バターが細かくなったら、指でバターをつぶしながら粉となじませる。

4

なじんできたら手のひらでこすり合わせる（サブラージュ）。
⇒手の温度でバターが溶けないように手早く作業する。

5

さらさらした状態になったら、中央をくぼませる。

6

水とレモン汁をくぼみに注ぎ入れる。

カードで素早く切るように混ぜる。すくい返す、押しつける、切るを粉気がなくなるまで繰り返す。

水分がある程度なじみ、大きなかたまりがなくなって粒のそろったそぼろ状になる。

こねずにひとかたまりに寄せ集める。

ざっと丸くまとめる。

ナイフで十文字に切り込みを入れる。深さは生地の厚みの半分くらい。ポリ袋に入れて冷蔵庫で約1時間休ませる。

⇒折り込みも当日中に済ませる。日をまたぐと生地がダレてよい状態に折れない。

～折り込み～

作業台と生地に打ち粉（強力粉・分量外）をふり、手にもつけて生地の十文字の切り込みを開く。

生地を作業台に置き、厚い部分を四方に押し広げて正方形のような形にする。

約15cm四方に薄くのばす。薄すぎる部分があればまわりから生地を寄せてうめる。

準備した折り込み用のバターを向きを45度ずらしてのせる。

16

生地を左右から順に折ってバターの上にぴったりと重ねる。

17

手前からも同じ要領で折る。

18

向こう側からも折ってバターを完全に包み込む。

19

間に入った空気を抜くように生地をバターに密着させ、生地の端同士をしっかりとくっつける。

20

生地と麺棒に打ち粉を多めにふり、長さが幅の約3倍になるように縦方向にのばしていく。途中で裏返して再び打ち粉をふり、さらにのばす。
⇒向こう側と手前の幅が中央より広がりがち。同じ幅になるように気をつける。麺棒は太めのほうがのばしやすい。

21

長さ40～45×幅13～15cmにのばす。

22

余分な粉を払い、向こう側から1⁄3を折り返す。

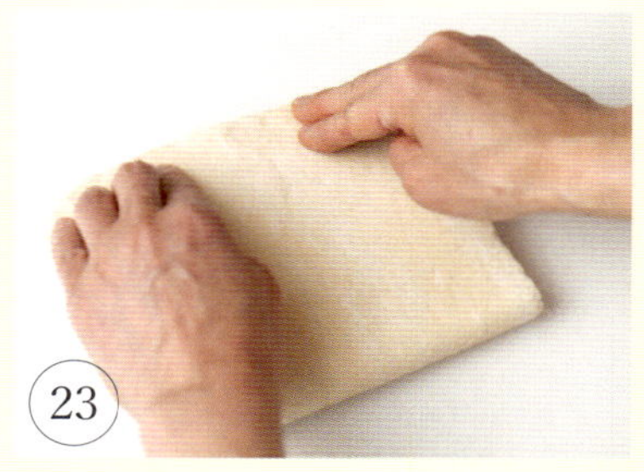

23

手前からも折り返して三つ折りにし、端をしっかり押さえる。

24

生地の向きを時計回りに90度回転させる。
⇒輪になっている2辺が左右にくる（生地の折り終わりが右側、大きな輪が左側）。このときの生地は長さ15×幅12cmが目安。

25

折った生地がずれないように、生地の向こう側と手前の端を麺棒で押さえる。
⇒生地がへこむくらいしっかりと押さえる。

左右の端も同じように麺棒でしっかりと押さえる。

対角線もしっかりと押さえる。

再び⑳の要領で生地を3倍の長さにのばす。

㉒、㉓の要領で三つ折りにする。

生地の向きを時計回りに90度回転する。
⇒輪になっている2辺が左右にくる（生地の折り終わりが右側、大きな輪が左側）。

㉕〜㉗と同様に生地を麺棒でしっかりと押さえる。

ラップで包み、冷蔵庫で約1時間休ませる。
⇒三つ折り2回が終了。これを1セットとカウントする。

生地を取り出して打ち粉をふり、輪になっている2辺が左右になる向きに置き（生地の折り終わりが右側、大きな輪が左側）、⑳〜㉜の作業をあと3セット繰り返す。
⇒折り込みを繰り返すうちに徐々に生地のきめがつるんとなめらかに整ってくる。

◎保存の仕方

保存する場合は、折り込みを3セット終えたものを冷凍する。使うときは冷蔵庫で解凍してからもう1セット折り込むと膨らみがよくなる。冷凍保存期間は2〜4週間。解凍は冷蔵庫で2〜3時間、さらに室温で少しおく。指で軽く押して跡がつくくらいになったらのばし始める。

おいしい焼き菓子を作るために

それぞれのお菓子の作り方やポイントは各ページで解説していますが、
ここでは、材料や道具、作業の基本、オーブンの扱い方など、
本書のお菓子作りに共通する基本事項をご紹介します。
折に触れて確認していただくと、お菓子作りへの理解がより深まるでしょう。

使う材料でお菓子の味は大きく変わります。ここでは、私が使っている材料をご紹介します。同じものを使わないと作れないということではありませんが、材料を選ぶ際の参考にしていただければ幸いです。材料の性質が損なわれないように、保存方法にも気をつける必要があります。また、各素材の性質を知ることで、なぜこの工程が必要なのかといったことも理解しやすくなります。⇒材料（p.98-103）

どんな作業にどんな道具が必要なのか、道具の役割も理解しましょう。そのうえで自分に合った道具をそろえます。⇒道具（p.104-106）

材料、道具が準備できたら、いよいよお菓子作りの始まり。まずは材料の計量です。お菓子作りは料理とは違い、ほんの少し分量が違うだけで仕上がりに大きな差が出てしまいます。地味な作業ですが、じつはとても大事な工程です。⇒計量と分量（p.107）

つぎに計量した材料を混ぜ合わせて、生地を作っていきます。混ぜ方のタイプとその目的を知り、それぞれに適した道具を使ってレシピの手順に従って混ぜましょう。⇒混ぜ方と適した道具（p.108）

さらに私がとても気を使っているのは、作業場や材料の温度管理です。季節によって作業場の室温は変化していますから、常に適温になるように調節が必要です。材料も、それぞれに扱いやすい温度帯がありますので、作業や季節に応じて温度調節をします。そうすることで、作業効率がよくなり、生地も混ざりやすくなります。⇒温度管理（p.109）

生地ができたら、あとはオーブンで焼いて完成です。どのように焼き上がるか、いつもドキドキ、ワクワクします。こんがりとした焼き色もおいしさのうちですから、上手に焼き上げたいものです。

オーブンごとに個性があるので、本書で記載している温度と時間はあくまでも目安と考えていただき、焼き色を見ながらお使いのオーブンに合わせて調節していただければと思います。私自身が長年お菓子を焼き続けて身につけたオーブンの扱い方や温度調節のコツをご紹介しますので、参考になさってください。⇒オーブンの扱い方（p.110-111）

材料

小麦粉

●性質と役割

小麦粉にはタンパク質が1割前後含まれており、水分を加えて強い力で混ぜる、練るなどするとタンパク質内の2つの成分がからみ合って弾力や粘りを持つグルテンという網目状の組織が作られます。グルテンはお菓子の生地の骨格を形成する重要な役割を担っていますが、網目状の組織が強くなりすぎるとやわらかさや軽さが失われてしまいます。練らないように混ぜることには、そんな意味があるのです。

●種類

小麦粉は一般的にタンパク質の含有量の違いで分類され、お菓子作りに使うのはタンパク質量の少ない順に、薄力粉、準強力粉（中力粉）、強力粉の3種類。この本ではどなたでもお求めやすく、以前から気に入って使っているものを選びました。

［ 薄力粉 ］

軟質小麦から作られ、タンパク質含有量は6.5〜8.5%程度。強力粉にくらべて粒子が細かく、粘りが出にくいのが特徴です。さっくりと軽い口あたりに仕上がるので、お菓子全般に適しています。

この本では焼き菓子に向く、北海道産の「ファリーヌ」（江別製粉）をケイクやサブレに使っています。小麦本来の風味や甘みが感じられ、粒子が細かいので、ふんわりと軽く仕上がります。もう少ししっかりした食感を出したい場合は、ドルチェ（江別製粉）もおすすめです。

［ 準強力粉 ］

中間質小麦や軟質小麦から作られ、タンパク質含有量は8.5〜10.5%程度と、薄力粉と強力粉の中間的性質を持ち、粒子の大きさや粘りも中間程度。生地にするとなめらかにのびるのが特徴です。パイやサブレ、発酵菓子などに向いています。

この本では「ラ・トラディション・フランセーズ」（フランスの小麦メーカー MINOTERIES VIRON社製）を使っています。この粉は、「ファリーヌ」にくらべるとかためで香ばしい仕上がりになり、もちもちとした弾力が出るのも魅力です。

フィナンシェ、カヌレ、パート・ブリゼ、パート・フィユテなどに使用し、フランス菓子らしさやかたい食感を出しました。サブレに使用するとサクッと香ばしくなりますが、グルテンが出やすいので注意が必要です。打ち粉にも使えます。

［ 強力粉 ］

硬質小麦から作られ、タンパク質含有量は11.5〜13%程度。薄力粉にくらべて粒子がやや粗く、グルテンがしっかりと出て、パンなど小麦本来の味を最大限に生かす使い方に向いています。もちもちとした食感が出るのが特徴です。

この本では、北海道産の「キタノカオリ」をスコーンとマフィンに使用しています。

一般的に強力粉を使用しない焼き菓子にも、薄力粉の一部を強力粉に置き換えて使うことにより、しっとりとした食感に仕上がります。グルテンが出やすいので、混ぜすぎないように注意します。

●保存方法

開封後はできるだけ1か月以内に使い切りましょう。湿気やにおい移りを防ぐためにファスナー付きの保存袋に入れ、温度や湿度が高い時期は冷蔵庫で、それ以外の時期は常温で保存します。

冷蔵保存の場合は、冷蔵庫から出してすぐにふたや封をあけると温度差で結露が発生するため、常温にもどしてから開封します。

バター

●性質と役割

生乳の乳脂肪（クリーム）を分離、攪拌して練り上げたもので、80%以上が乳脂肪分です。
お菓子にリッチなミルクの風味やコクを与えくれる特別な材料で、機能の面ではおもに以下の3つの性質があります。

①クリーミング性

生地やクリーム内に空気を抱き込み、ふんわりと軽く、なめらかな口溶けを作り出します。

②ショートニング性

グルテンの組織が強くなるのを防ぎ、サクサク、ホロホロとした食感を作り出します。

③可塑(かそ)性

可塑性とは、生地を粘土のように自由に形作ることのできる性質のことです。パート・フィユテはこの可塑性のおかげで、薄くのばしたり折りたたんだりすることができます。

●温度調節

上の①〜③の3つの特性を生かすために大切なのが温度調節です。バターが冷えてかたい状態では他の材料とうまく混ざらず、3つの特性を発揮できないため、使う前に常温にもどします。指で軽く押すと指の形がつくくらいがやわらかさの目安です。気温が低い時期は、小さめに切り分けると温度が早くもどります。
常温にもどす際、やわらかくしすぎて液状に溶けてしまったものを再び冷やし固めても、もとの性質には戻らず、生地から油脂分がにじみ出したりしてむらができる原因になります。
また、バターは液状に溶かしたり焦がしたりして使うこともあります。溶かすと①〜③の特性は失われますが、お菓子にミルクの風味や香ばしさ、しっとり感などを与えることができます。溶かしバターは濾すと乳糖やタンパク質が取り除かれてすっきりした味わいになります。

●種類

バターには食塩不使用バターと有塩バターがあり、製造過程で食塩を加えていないのが「食塩不使用」、加えたものが「有塩」です。ただし、食塩不使用といってもまったく塩分がないわけではなく、原料の生乳には自然の塩分が微量ながら含まれています。
バターには発酵の有無による分類もあり、製造過程で乳酸菌を加えて発酵させるのが発酵バターで、非発酵のバターよりも香りやコクがあります。
この本では食塩不使用の発酵バター（カルピス株式会社）を使っています。やさしい酸味があり、新鮮なミルクの香りがしてあと味がすっきりしているので気に入っています。ただし、気温が高い時期は風味がきつく感じることもあるので、お菓子や季節に合わせて非発酵タイプを使うこともあります。発酵の有無はお好みで選び、食塩不使用のものを使ってください。

●保存方法

バター（特に発酵バター）は風味が落ちやすいので、使わない分はしっかりとラップに包み、さらにファスナー付きの保存袋に入れて冷蔵庫（10℃以下）で保存します。冷凍保存もできます（保存期間は1か月以内）。解凍は使う2〜3時間前に冷蔵庫に移します。

卵

●性質と役割

卵のおもな成分はタンパク質、脂質、水分で、お菓子作りに欠かせない①〜③の性質と、見た目のおいしさを際立てる④の役割を持っています。

①熱凝固性

タンパク質は加熱すると固まります。卵白と卵黄は熱凝固する温度が異なり、卵黄は65℃くらいから固まり始めて75℃以上で完全に凝固し、卵白は60℃前後から固まり始めて80℃以上で完全に凝固します。砂糖を一定量以上加えるとこれらの凝固温度は高くなります。

②起泡性

卵白に含まれるタンパク質には表面張力を弱める作用があり、攪拌すると空気に触れながら少しずつ泡立ち始め、タンパク質が膜状に固まって気泡を包み込んでしっかりと泡立ちます。

③乳化性

乳化とは水や油など本来混ざり合わないものが均一に分散して混ざり合う現象のことをいいます。卵黄には乳化剤としての役割を持つレシチンなどが含まれており、油脂分の多い材料と水分の多い材料を均一に混ざりやすくする働きがあります。

④焼き色（つや）をつける

卵には焼き色を濃くする役割もあり、サブレやタルト生地などに溶き卵を塗って焼くと、焼き色がついてつやが出ます。色を濃くしたい場合は、卵黄と卵白を2：1の割合で混ぜるとよいでしょう。

●種類

卵にはS〜LLまでサイズがあり、重量が異なります。お菓子作りでは分量の正確さが求められるので、本書では個数ではなく重量で記しています。
この本では、大地を駆けまわる健康な平飼いの鶏の卵（有限会社土遊野）を使っています。季節によって変わりますが、卵黄はレモンイエローです。夏になると鶏も水をよく飲むので、卵白は水分量が多くなります。米や草などを発酵させた餌を食べている鶏の卵は、臭みが気になりません。

●鮮度

お菓子作りでは、できるだけ新鮮な卵を使うようにしましょう。鮮度がおいしさの決め手となります。鮮度が高い卵は栄養価がまだ落ちておらず、卵のおいしさが存分に味わえます。また、鮮度が高い卵ほど卵白の粘りが強く、気泡の安定性がよくなり、よりふんわりとした食感に仕上がります。

●保存方法

卵はサルモネラ菌等の細菌による汚染を防ぐ観点から、10℃以下の冷蔵保存が望ましいです。卵を冷蔵で保存した場合、およそ2週間日持ちがします。この「2週間」は、生食できる期間のことで、2週間をすぎた卵は加熱調理が必要です。
保存時は卵のとがったほうを下にします。丸いほうよりも殻に強度があり、割れにくいためです。さらに丸いほうには気室があり、下にすると卵黄と気室の空気が接触しやすくなり、細菌が入り込んで卵の鮮度が落ちるためです。
卵白は冷凍保存が可能です（保存期間は1か月以内）。解凍は冷蔵庫に移して2〜3時間おきます。

砂糖

●性質と役割

お菓子作りにおける砂糖の一番の役割は、甘みをつけることです。でも、それ以外にも以下のような役割を果たしています。

①保水性がある

砂糖には水分を抱き込む性質があり、一定量以上の砂糖を使用した生地は、しっとりとして、時間がたっても水分が蒸発しにくくなります。

②焼き色をつける

砂糖を高温に加熱すると茶色のキャラメル状になります。また、バターや卵などを使った砂糖入り生地は、焼くとこんがりと焼き色がつきます。

③気泡を安定させる

卵や生クリームを泡立てるとき、できた気泡がつぶれないように安定した状態を保ちます。

④タンパク質の熱凝固をやわらげる

卵を加熱すると一定の温度以上で固まり始めますが、砂糖を一定量以上加えておくと、固まる温度を上げることができます。

⑤デンプンの老化防止

砂糖をほとんど含まないパンは、長時間放置するとかたくなります。デンプンが老化するからです。砂糖にはこの老化を防ぐ役割があり、時間がたってもやわらかい状態を保つことができます。

⑥防腐効果と酸化防止

カビや細菌は水分によって活性化しますが、一定量以上の砂糖を加えると砂糖には水分を抱え込む働きがあるため、腐敗防止に役立ちます。さらに、砂糖は油脂に含まれる水分と結びついて油の劣化を防ぎ、味わいや香りを長続きさせます。

●砂糖の種類

砂糖は精製方法の違いで細かく分類されますが、ここでは本書で使用したものをご紹介します。

[きび砂糖]

さとうきびから作られるベージュの砂糖の総称。原料のミネラル分の一部を残す精製方法がとられているため、白い砂糖にくらべてコクがあるのが特徴です。形状も色も製品によってさまざま。本書では、2種類のきび砂糖を使い分けています。
ひとつめは徳之島産さとうきびから製造された「きびあじ」(上野砂糖)。しっとりとした粉状で、コク、うまみ、甘みがあり、くせのないまろやかな味わいが気に入っています(p.96写真上)。大きくてかたいかたまりが交じっているため、ふるってかたまりを除いて使っています。サブレやタルトには、さらにミルミキサーにかけて粉砕して使っています。より細かくすることで食感が軽くなり、ワンランク上の仕上がりになると感じています(細かい粉状のきび砂糖を使用する場合は、ふるいにもミルミキサーにもかける必要はありません)。
もうひとつは、ブラジルの有機砂糖会社Usina Sao Francisco社製造の有機JAS認定「有機シュガー」。こちらは結晶が粗めでやや乾燥しており、かなり淡い色合いです(p.96写真左下)。「きびあじ」よりも甘みがすっきりとして色が淡いので、素材の味を生かしたいときや、メレンゲやシロップなどのように無色透明に仕上げたいときに使っています。また、ざくざくとした食感に仕上げたいお菓子にも使っています。本書では、きび砂糖(クリスタルタイプ)と表記しています。手に入らないときはグラニュー糖で代用してください。

[粉砂糖]

グラニュー糖を微細に粉砕したもので、湿気を吸ってダマになるのを防ぐために少量のコーンスターチが混ぜられています。「アイシングシュガー」などの名称で売られています(p.96写真右下)。この本ではアイシング作りに使っています。

●砂糖の保存

砂糖は水分を吸いやすい素材です。湿気を防ぐためにファスナー付きの保存袋や瓶に入れて常温で保存します。

塩

塩には小麦粉のグルテンの網目状組織を安定させる働きがあり、サブレ生地やパート・フィユテをほどよくコシのある、のばしやすい生地にします。また、タンパク質を凝固させる働きもあり、卵白に塩を加えるとコシが切れて泡立ちやすくなり、しっかりとしたメレンゲに仕上がります。
風味の面では、お菓子作りには味わいのある未精製の塩を使うことをおすすめします。この本ではフランスのカマルグ産フルール・ド・セルを使っています。手作業で採塩されており、塩気がやわらかいのが特徴です。塩味をつけるというより、塩できび砂糖の甘みを際立てる感覚で使っていて、結果的に砂糖の量を抑えることができます。

アーモンドパウダー

アーモンドを粉砕したもので、油脂分が高いのでお菓子をしっとりとさせ、コクと甘みを与えます。皮付きで粉砕したものもありますが、この本ではスペイン産マルコナ種の皮なしのパウダーを使っています。アーモンドの風味がしっかりと残っていて、香りが豊かで甘みが強いのが特徴です。

バターミルクパウダー

バターミルクとは、生乳の乳脂肪（クリーム）からバターを製造する過程で残る副産物。それを濃縮、乾燥させて粉末にしたのがバターミルクパウダーです。この本ではスコーンに使い、ふわりと軽やかなミルク風味とバターを加えたようなサクッとした食感に仕上げました。

ベーキングパウダー

お菓子の生地を膨らませて軽さを出す膨張剤です。この本ではアルミニウム不使用のアイコクのベーキングパウダーを使っています。開封後は徐々に膨張力が落ちてくるため、湿気を防いで早めに使い切りましょう。

米粉

この本では、サブレ（ブール・ド・ネージュ、クロッカン）に熊本県産米ミズホチカラの製菓用米粉を使っています。ミズホチカラは米粉のために作られた品種で、うるち米で作られた一般的な米粉にくらべてソフトできめが細かく焼き上がり、みずみずしくてしっとりとした食感ややさしい甘さを感じます。カリカリとした和菓子のような食感を作り出すこともできます。

牛乳

この本では木次乳業の「パスチャライズ牛乳」を使っています。生乳本来の甘みや風味が豊かで、自然の恵みをしっかり味わえます。新鮮なものを使用してください。

生クリーム

生クリームは安定剤や乳化剤などの入っていない純正クリームを使ってください。この本では中沢乳業の「フレッシュクリーム42％」を使っています。ミルク本来の味と香りがするので気に入っています。乳脂肪分が42％あると泡立てたときの保形性がよく、他の材料と合わせたときに乳化しやすいです。
ケイクに添えるホイップクリームには乳脂肪分36％のものがおすすめです。泡立てるときは、水分や油分が付着していないよく冷やしたガラス製ボウルを使うとよいでしょう。

洋酒

この本では、数種類の洋酒をお菓子やクリームの風味づけに使っています。
洋梨の蒸留酒は上品なやさしい香りが特徴の「オ・ド・ヴィ ポワール・ウィリアム」(アルコール分43度)、ラム酒は香りが豊かで独特な大人っぽい味に仕上がる「ネグリタ・ラム」(アルコール分37度)を使用。キルシュはさくらんぼから造られる蒸留酒で「マスネ・オードヴィ・キルシュ」(アルコール分40度)を使っており、少し加えるだけで香りよくすっきりとした味に仕上がります。
カルヴァドスはフランスのノルマンディー地方で造られているりんごの蒸留酒で、「シャトー ド ブルイユ 15年」(アルコール分41度)を使っています。

はちみつ

はちみつは花の種類や季節によって香りや味、糖度も変わります。この本では、大阪府高槻市の自然豊かな養蜂場「SANDY.HONEY」の巣の中で熟成された非加熱の生はちみつを使っています。
非加熱の生はちみつは、花のやさしい香りをしっかりと感じとることができておすすめです。

チョコレート、カカオパウダー

チョコレートの風味が味の決め手となるお菓子には、良質なチョコレートやカカオパウダーをぜひ使ってください。
この本では、ペルー産の無農薬クリオロ種のアマゾンカカオから製造された、乳化剤不使用の「クーベルチュール70％」と「カカオパウダー」(ともに株式会社アマゾンカカオ、Instagramアカウント@lacasaditetsuootaより購入可能)を使用しています。フルーティーな酸味とカカオのすっきりとした香りのバランスがよく、とても気に入っています。どうぞ、お好みの銘柄(カカオ分もお好みで)をお使いください。

ナッツ

ナッツは新鮮なものを購入し、ピスタチオ以外はあらかじめローストして余分な水分を飛ばして香りを引き出してから使っています。ピスタチオは緑色を生かすためにローストしていません。

ドライフルーツ

この本では、有機栽培のドライフルーツを使用しています。オイルコーティングしていないものがおすすめです。コーティングがある場合は、湯通しして水分を拭き取って使ってください。

バニラビーンズ

バニラエッセンスやバニラオイルなどの加工品ではなく、天然のバニラビーンズを使うことをおすすめします。さやの中に詰まっている小さな種の甘い香りとプチプチとした食感は格別です。さやにもやさしい香りがあるのでシロップなどに使い、使用後はよく乾燥させてスパイスの棚や小麦粉、砂糖の袋に入れて香りを移すこともできます。

道具

はかり

0.1g単位ではかれるデジタルスケールをおすすめします。分量が1g違うだけでお菓子の仕上がりに差が出るので計量は慎重に行います。水平な場所に置き、はかり始めに0gになっていることを確認してから材料をのせます。私は「タニタ デジタルクッキングスケール」を使っています。

ボウル

生地類を混ぜるときにおもに使うのは、直径23cmと27cmのステンレス製ボウルです。少量の材料を扱う際は、量に応じて直径18.5cm、15.5cm、13cmのボウルを使い分けています。いずれも、生地を注ぐときに切れがよい柳宗理のものを愛用しています。生クリームを泡立てる際は、ステンレス破片が混ざらないようにガラス製ボウルを使います。

粉ふるい

粉類をふるってかたまりを取り除きつつ、空気を含ませてサラサラの状態にするために使います。ふるってから放置すると、水分を吸ってダマになるので、使う直前にふるいましょう。

ハンドミキサー

生地やクリームを泡立てたり空気を含ませたりするのに使う電動器具です。時間と手間のかかる泡立てを短時間で楽に行えるので、日常的にお菓子を作る方には特におすすめです。使う際は生地が飛び出さないように垂直に立てて使います。この本では、パワーのあるクイジナートの「スマートパワーハンドミキサー プラス」を使っています。

泡立て器

卵のコシを切ったり生地を大きく混ぜ合わせたりするときに使い、混ぜすぎに注意する必要があるものにも向いています。ワイヤーが適度にかたくて弾力のあるマトファー社製を愛用しています。

ゴムべら

生地やクリームを混ぜる、まとめる、平らにならす、ボウルや道具などに付着した材料をぬぐい取るなど、お菓子作りのあらゆる作業に欠かすことのできない道具です。手になじみ、ボウルのサイズに合ったものを選びましょう。
この本では、ブランシェ・アソシエの長さ27cmと15cmのシリコンスパチュラを使っています。ほどよいかたさで素材を残さずにぬぐい取ることができ、継ぎ目がないので素材が詰まらず衛生的です。耐熱温度が280℃なのでシロップやキャラメルにも使えます。

カード

直線部と曲線部からなる、プラスチック製の薄い板状の道具です。生地やクリームをすくい取る、生地を刻んで粉類と混ぜる、生地を平らに広げる、生地を作業台からはがす、絞り袋の中のクリームや生地を押し上げるなど、用途が広い道具です。
マトファー社の「耐熱スケッパー ハード」はしっかりとしたかたさでバターなどもカットでき、生地をボウルから取り出す際にも重宝しています。

刷毛

生地にシロップを打つときや型にバターを塗るときに使います。使用後はよく洗い、煮沸消毒してから乾燥させます。マトファー社の豚毛の幅3〜4cmのものを愛用しています。

焼き型

型を長く使い続けるにはお手入れが大切。使用後は湯で洗い、水気がついたまま放置するとさびの原因になるため、すぐに拭いて乾燥させます。保管の際はペーパータオルや紙で包んで湿気を防ぎます。この本では以下の型を使用しています。

［ **パウンド型** ］
長さ18×幅7.5×高さ6.5cmのスズメッキの型（マトファー社）をキャトル・キャール・ヴァニーユ（p.6）、ケイク・アングレ・フリュイ（p.10）、ガトー・ウィークエンド（p.12）に使用。

［ **丸型** ］
直径15cmの底取タイプ（TCアルブリット セパトデコ型150アルミニウム フッ素樹脂２コート）をガトー・ショコラ・クラシック（p.16）、ガトー・フロマージュ（p.20）に使用。熱伝導率が高く、型離れのよい二重フッ素樹脂加工のデコレーション型で、軽くてさびにくく、汚れも落ちやすいのでお手入れが楽です。

［ **マドレーヌ型** ］
型離れがよく、模様がくっきりと出るシリコン加工のブリキ製（松永製作所「シルバーマドレーヌ天板 8P」）をマドレーヌ（p.24）に使用。外寸218×300mm、1個当たり75×50×深さ14mm。

［ **フィナンシェ型** ］
型離れがよく、エッジがシャープに出るシリコン加工のブリキ製（松永製作所「黄金フィナンシェ天板 8P」をフィナンシェ（p.28）に使用。外寸218×300mm、1個当たり83×41×深さ10mm。

［ **カヌレ型** ］
縦溝が入った釣鐘状の型です。内径、高さ各5.5cmのフッ素樹脂加工の型（霜鳥製作所）をカヌレ・ド・ボルドー（p.30）に使用。フッ素樹脂加工の効果で生地が浮き上がらず、側面も底面もしっかりと焼き色がついて模様がくっきりと出ます。

［ **マフィン型** ］
生地のおいしさをしっかりと味わうために一般的なマフィン型よりも大きい、直径（口径）7cm、底径6cm、高さ3.5cmのフッ素樹脂加工のプリン型をマフィン・オ・ミエル（p.34）に使用。

［ **タルト型** ］
直径（口径）18cm、底径17cmのスズメッキ（マトファー社）の底取タイプをタルト・オ・フレーズ（p.56）、タルト・オ・シトロン（p.60）、タルト・オ・ノア（p.68）、キッシュ・ロレーヌ（p.72）に使用。底が外せるタイプは焼きたての固まり切っていない状態でも取り出せて便利です。

［ **マンケ型** ］
直径（口径）16cm、高さ4cmのフッ素樹脂加工の型（マトファー社）をガトー・バスク・オ・スリーズ（p.64）、タルト・タタン（p.74）に使用。伝統的なフランス菓子に使われることが多い丸型で、底がひとまわり小さいのが特徴です。

絞り袋

先端に口金をつけたり、口金をつけずに好みの細さに切って使います。きれいな形に絞りたいときは、強い力で握っても破けず、力の加減を伝えやすい布製を使い、それ以外の用途には使い捨てタイプを使っています。

口金

絞り袋の先につけて使います。サブレ・ヴィエノワ（p.48）には8切星口金（#8）、サブレ・ロミアス（p.49）には「リースノズル口金 ヘソ低」（直径47×高さ41mm）、タルト・オ・シトロン（p.60）のメレンゲ絞りにはサントノーレ口金20（口径11×切込20mm）を使っています。

麺棒

サブレやタルト、パイ生地をのばすのに使います。重さのある太めのものを使うと生地を均一の厚さにのばしやすく、最小限の手数でのばせるので温度が上がってダレる心配を減らせます。

ルーラー

サブレやタルト、パイ生地をのばす際に生地の両脇に置き、その上から麺棒をかけることで簡単に厚さを均等にできます。特にサブレ生地は、厚さを均一にすることで焼き色も均等につき、美しく仕上がります。

板

のばした生地、型抜きした生地を冷蔵庫に入れたり移動したりするときに使います。扱いやすいサイズの平らな板を選びましょう。シリコン製のまな板でもよいでしょう。

オーブンシート

パウンド型や丸型などに敷き込んで生地の型離れをよくしたり、サブレを焼く際に天板に敷いたりします。使い捨てタイプと洗って繰り返し使えるタイプがあります。型に敷き込む場合は使い捨てタイプが切ったり折ったりが簡単です。

温度計

キャラメルやイタリアン・メレンゲのシロップを煮詰めたり、チョコレートを溶かしたり混ぜたりする際は温度の正確性が求められ、温度計があると安心です。赤外線を当てるだけで温度が表示される赤外線温度計が便利です。

ガスバーナー

カセットガスタイプのバーナーをタルト・オ・シトロン（p.60）のイタリアン・メレンゲを焦がすのに使い、タルト・タタン（p.74）の表面のつや出しにも使っています。ガス台の上で火気に注意して使ってください。

回転台

ガレット・デ・ロワ（p.82）に模様を描く際に使うと向きを手軽に変えることができ、スムーズに模様が描けます。ホールケーキのデコレーションなどにも便利です。

網（ケーキクーラー）

焼いたお菓子の粗熱をとる際に使います。アイシングをかける際にもあると便利です。

軍手

焼けたお菓子を型から取り出すときに、軍手を2枚重ねてつけると作業がはかどります。綿100%の繊維が短くて立っていないものを選んでいます。

タルトピン

タルトやキッシュの生地の縁に縄のような模様をつけるのに使い、フランスのステンレス製のものを愛用しています。骨抜きやナイフの背で代用してもよいでしょう。

計量と分量

お菓子作りはどんな材料を何グラム使うかで味が決まり、食感にも影響を及ぼします。そのためには材料を正確にはかることがとても重要です。

● 材料は重さではかる

材料の誤差を減らすには、カップや大さじ、小さじなどの容積や個数などではなく、重さではかることをおすすめします。細かい数値の計量は面倒と感じる方も多いと思いますが、ぜひ0.1g単位ではかれるデジタルスケールを使い、丁寧に、正確にはかりましょう。
計量は勘違いが起きやすい工程でもあるため、時間に余裕をもって落ち着いて行うよう心がけましょう。

● 小数点以下の重量の計量

この本のレシピは、家庭で食べきれる分量になっていますので、サブレ生地やタルト生地に入れる塩や、ケイク生地に入れるベーキングパウダーなどは、どうしても小数点以下の細かい重量になりがちです。
上記のような0.1g単位ではかれるデジタルスケールで計量するのがベストですが、参考までに小さじではかった場合の目安もご紹介しておきます。
なお、塩はカマルグ産のフルール・ド・セル、ベーキングパウダーはアイコクのものを計量した場合の目安です。

塩0.5g→約小さじ1/10
塩1g→約小さじ1/9
塩1.5g→約小さじ1/8
ベーキングパウダー1.5g→約小さじ1/8

● 最初はレシピどおりの分量で

材料の分量を安易に変えると失敗につながることがあります。たとえば甘さ控えめにと思って砂糖を大幅に減らすと、バターと卵が乳化しにくくなって生地の膨らみが悪くなり、見た目も食感も変わってしまいます。初めて作るときは、レシピどおりの分量で作ることをおすすめします。
とはいえ、自分好みの配合を探るのもお菓子作りの楽しさのひとつです。慣れてきたら、少しずつ分量を変えてでき上がりの差を確認してみてください。

● 道具についた生地は残さず使う

生地やクリームを混ぜていると、ボウルやへら、泡立て器などにかならず材料が付着します。それは毎回かならずきれいにぬぐい取って使うようにしてください。そうしないと総量が減り、材料同士の比率も変わってきてしまいます。
また、ゴムべらやカードに材料が付着したまま混ぜ続けると、生地がさらにくっつきやすくなってグルテンが出る原因にもなります。

混ぜ方と適した道具

お菓子作りでは、材料や求める食感に応じて混ぜ方を変える必要があり、その混ぜ方に適した道具を使います。この本では以下の道具を用途によって使い分けています。

●ハンドミキサー

常温にもどしたバターをクリーム状にするとき、メレンゲや卵入りの生地、生クリームを泡立てるときなど、効率よく時間をかけずに材料に空気をたっぷりと含ませたいときに使います。
羽根を垂直に立ててボウルの底にしっかり当て、生地全体にまんべんなく羽根が当たるようにクルクルと円を描くように動かし、ボウルも少しずつ回します。

●泡立て器

卵のコシを切る、生地を大きく混ぜ合わせる、ダマをなくしてなめらかな状態にする、粉類と卵液などの水分をグルテンが出ないように少しずつなじませるときに使います。

［コシを切るとき］

泡立て器をボウルの底に当てて左右に直線的に動かします。

［大きく混ぜ合わせるとき］

泡立て器をボウルの底に当てて大きな円を描くように動かします。

［ダマをなくしてなめらかな状態にするとき］

グルテンが出ないように、①泡立て器で生地を底からすくい上げて表面にのせ、②ボウルを少しずつ回転させる、この①②の動作を繰り返します。

［粉類に卵液などの水分をグルテンが出ないように少しずつなじませるとき（カヌレ生地）］

粉類の中央をくぼませて卵液などの水分を少しずつ加えながら、その都度泡立て器をクルクルと回してなじませます。

●ゴムべら

粉気の多いケイクの生地を混ぜるとき、気泡をつぶさないように混ぜるとき、またサブレやタルトの生地をまとめる際に使います。
混ぜる手順は、①ボウルの縁にゴムべらを入れて生地をこそげながら中心を通って対縁に向けてすくい上げ、②手を返して生地を表面にのせ、③ボウルを少しずつ回転させる、この①〜③の動作を同じところをたどることなく繰り返します。粉気がなくなってもさらに混ぜ続けると、きめが整ってつやが出ます。
サブレやタルトの生地をまとめる際は、薄い部分を使って生地をボウルに押しつけてすり混ぜながらまとめます。

●カード

スコーンやタルト生地など、ザクザクとした食感に仕上げたい生地を切り混ぜるとき、また生地をまとめる際にも使います。
切り混ぜるときはカードのボウルのカーブに合う部分を使い、①ナイフのように差し入れて刻む、②ボウルの縁にカードを入れて生地をこそげながら中心を通って対縁に向けてすくい上げ、③手を返して生地を表面にのせ、④ボウルを少しずつ回転させる、この①〜④の動作を繰り返してグルテンが出ないようにざっくりと混ぜます。
生地をまとめる際は、カードの面を使って生地をボウルに何度か押しつけてまとめます。

温度管理

お菓子の材料には温度の影響を受けやすいものが多く、材料だけでなく室温や道具の温度にも気を配る必要があります。いずれもお菓子によって適温は変わります。

●作業時の室温や道具の温度

作業時の室温は20℃前後（18～23℃）が適温です。適温ではない場合は冷房や暖房を利用し、それでも調整できない場合は材料の温度を下げたり上げたりします。また、夏場は手の温度が上がりやすいので、手で生地に直接触れるお菓子を作る際はボウルなどの道具も冷やし、作業途中で生地が温まってきたと感じたら、その都度冷蔵庫で冷やします。
（以下の材料の温度の目安は室温が20℃前後であることを前提にしています）

●材料の温度の目安

［卵］

ほとんどのお菓子では卵を常温（18～23℃：室温が高めなら低め、室温が低めなら高め）にもどして使い、バターと混ぜて乳化させる場合や極端に室温が低い場合は湯煎で30～40℃（ボウルの底に手を当てて温かさを確かめる）に温めます。40℃を超えると凝固が始まるので温めすぎに注意しましょう。

［バター］

サブレに使うときは常温（18～23℃）に、ケイクのときは20～25℃にもどします。温度が低すぎると他の材料と混ざりにくく分離しやすくなり、きめが粗くなってボソボソしたり、膨らみが悪くなったりします。バターは28℃くらいから溶け始めるため、温度が高すぎると生地がダレて空気を抱き込めず、水分が抜けてパサついたり膨らみが悪くなったりします。溶かしバターは湯煎で50～60℃に温めます。

［チョコレート］

チョコレートを溶かす場合は湯煎で約50℃に温めると口溶けや舌触りが損なわれません。保存には12～18℃の湿度の低い冷暗所が適しています。

［生地類］

生地類の多くは、材料同士を完全になじませ、グルテンを落ち着かせるために冷蔵庫で冷やしたり、温度が上がってダレた状態を引き締めるために冷凍庫で冷やし固めたりします。この温度調整により、型抜きや模様づけがきれいに行えて、焼いたときに広がったりゆがんだりしにくくなり、食感もよくなります。
冷やした生地は型抜きタイプやアイスボックスタイプのサブレの場合は、冷たいまま抜いたり切ったりします。それ以外の生地は種類や用途に応じて常温（20℃前後）にもどします。タルト生地は生地がしなるくらい（シュクレ生地は10～13℃、ブリゼ生地は15～18℃）にもどします。かたいままだと生地が割れてきれいに敷き込めません。
パイ生地は指で軽く押さえて指の形がつくくらい（15～18℃）になるとのばしやすくなります。
なお、冷蔵庫で休ませる時間が長すぎると温度をもどすのに時間がかかって離水の原因になるため、この本では3時間を上限としています。

●乳化させる場合は温度を近づける

ケイクのように油分も水分も多い生地は、材料同士の温度を同じくらいに調整するとより乳化しやすくなります。温度に大きな差があると分離してしまいます。

オーブンの扱い方

オーブンは熱源、機種、大きさなどにより、それぞれに個性があります。ご自宅のオーブンの個性を理解して使いこなすことにより、おいしくて美しいお菓子が焼き上がります。

●ガスオーブンと電気オーブンの違い

この本のレシピのオーブン加熱の温度と時間はガスオーブンを基準にしていますが、私自身はガスオーブン（リンナイ ガス高速オーブン中型タイプ RCK-S20AS4）と電気オーブン（AEG エレクトロラックス電気オーブン BE5003001M）の両方を日常的に使っており、それぞれの特徴を生かしながら使い分けています。
私の使用している2機種をくらべると、ガスオーブンは予熱に時間がかからず、火力と風力が強く、焼きむらが出やすいですが、シャキッとキレのよい姿形に仕上がるのが気に入っています。電気オーブンは予熱に時間がかかり、火力と風力が弱いものの、安定した焼き色がつくという利点があります。
どんなタイプのオーブンを使うにせよ、まずはキャトル・キャール・ヴァニーユ（p.6）やサブレ・ナチュール（p.40）など、素材の色がわかりやすい基本のお菓子を焼いてみて、焼き色のつき方を確認してみてください。ただ、オーブンの個性は1種類のお菓子を一度焼いただけではわかりません。同じお菓子を何度も焼いたり、さまざまな種類のお菓子を焼いたりすることで、徐々に理解できるようになります。

●予熱温度の決め方

オーブンは予熱しても扉を開けるとすぐに温度が下がります。また、生地や型、天板も常温なので、すべてを入れるとさらに温度は下がります。そこでこの本の多くのお菓子の予熱温度は、すべてを入れた状態で最適な温度になるようにお菓子を焼く温度よりも20〜40℃高く設定し、可能なものは天板ごと予熱しています。そうすることで生地の熱への反応がよくなり、膨らみやすくなります。
加えて、個人的に以下の温度調整もしています。

【寒い時期】
レシピの予熱温度＋10℃

【電気オーブンの場合】
レシピの予熱温度＋10℃

【寒い時期の電気オーブンの場合】
レシピの予熱温度＋20℃

ここに記した数値は私のオーブンを私のアトリエで使用した場合なので、ご自宅のオーブンや条件に合わせて適宜調節してください。
なお、サブレは小さくて薄いため、予熱温度と焼成温度を同温にしてじんわりと焼きます。同温にすることで焼き縮みや表面だけが焼けて中が加熱不足になることを防げます。
さらに、オーブンの予熱完了のお知らせ音が鳴っても、実際には予熱温度に達していないこともあります。厳密さを求めるなら、庫内にオーブン専用の温度計を設置するとよいでしょう。実際の温度を把握することができ、扉の開閉などによりどれだけ温度が下がるかもわかります。

●途中で温度を下げることも

マドレーヌ、フィナンシェ、カヌレ、スコーンなどの小ぶりなお菓子は、生地を膨らませるために高めの温度で焼き始めます。ですが高温のまま焼き続けると、中まで火が通る前に表面が焦げてしまうので途中で温度を下げます。
また、ガトー・フロマージュ（p.20）は生地を膨らませて表面にしっかりと焼き色をつけるために高めの温度で焼き始め、膨らんで焼き色がついたら、水分を蒸発させずに中まで火を通すために、温度を下げてじっくりと焼きます。

●焼きむらの調整方法

機種によって庫内に焼き色がつきやすい場所とつきにくい場所があります。焼きむらのできやすい機種は、焼成時間の6割がすぎた時点で天板の向きを反転させたり、サブレは位置を入れ替えたりすると、焼きむらを最小限に抑えられます。
オーブン（特に小型のもの）は扉を開けるたびに温度が下がるので、開閉の回数は最小限にとどめましょう。

●焼き色の濃淡の調節方法

焼き上がりの色が全体的に薄い場合や色づきにくい場合は、庫内の実際の温度が設定温度よりも低い可能性があるため、次に焼くときは予熱温度を10～20℃高く設定してみてください。
反対に、焼き色が濃すぎたり焦げたりする場合は、庫内が狭くて熱伝導率がよすぎることが原因だと考えられます。予熱温度や焼成温度はレシピどおりに設定し、焼成時間を5分くらい短くしてみてください。焼成の後半にアルミ箔をかけることでも焦げは防げます。

●段の使い分け

上段・中段・下段と、天板を入れる位置が3段式になっている機種なら、お菓子を焼く場合は、基本的には中段を使います。上段・下段の2段式の場合は、基本的には下段を使います。1段しかないものは、それを中段と考えてください。
カヌレのように底面にしっかり焼き色をつけたい場合は下側の段で焼きます。ミルフィーユのパイ生地をキャラメリゼするときなどは上の段を使いますが、本書で紹介したお菓子の場合、上段を使うことはあまりありません。ただ、下火が強いオーブンで、底面が先に焼けて上面の焼き色が薄いという場合は、上段に上げて調整します。

田島裕美子（たじま　ゆみこ）

料理菓子研究家。フランス・ボルドーでのホームステイをきっかけに料理やお菓子作りに目覚め、エコール・リッツ・エスコフィエで製菓を学ぶ。神戸の雑貨店やカフェなどに勤務後、料理研究家の安藤美保氏のアシスタントを務めたことをきっかけに、さらなる技術を追求するため、ル・コルドン・ブルー神戸校でフランス料理を学ぶ。2008年、神戸市にて料理とお菓子の教室「UNE PETITE MAISON」をスタート。2012年、芦屋市にアトリエを移す。現在は素材を大切にした四季折々の素朴な焼き菓子を作り、お菓子の教室を主宰。その傍ら、定期的にオンラインストアで焼き菓子の販売もしている。本書が初めての著書となる。

https://www.unepetitemaisonjapon.com/
Instagram @ yumikotajima1013

デザイン　渡部浩美
撮影　馬場わかな
原稿整理　美濃越かおる
調理アシスタント　河野絢子
校正　安久都淳子
DTP製作　天龍社

材料協力
株式会社富澤商店
オンラインショップ　https://tomiz.com/
電話　0570-001919

家庭でつくるフランスの焼き菓子
UNE PETITE MAISONの素材を引き立てるレシピ

2024年9月20日　第1刷発行

著　者　田島裕美子
発行者　木下春雄
発行所　一般社団法人 家の光協会
〒162-8448　東京都新宿区市谷船河原町11
電話　03-3266-9029（販売）
　　　03-3266-9028（編集）
振替　00150-1-4724
印刷・製本　株式会社東京印書館

乱丁・落丁本はお取り替えいたします。
定価はカバーに表示してあります。
本書のコピー、スキャン、デジタル化等の無断複製は、
著作権法上での例外を除き、禁じられています。
本書の内容の無断での商品化・販売等を禁じます。
©Yumiko Tajima 2024 Printed in Japan
ISBN978-4-259-56813-9　C0077